동화로 키우는
문해력 어휘력 발달 프로젝트

음원 재생

초등문해력교사연구회는 현직 초등학교 교사로 구성된 연구 단체입니다.
초등생들의 지적 발달을 이끌고, 학습 능력을 키우는 데 바탕이 되는 문해력을 연구합니다.

문해력 어휘력 발달 프로젝트
문어 3 감사 편
초등문해력교사연구회 **지음** | 박영 **그림**

펴낸날 2024년 5월 10일
펴낸이 김주한 | **책임편집** 한소영 | **책임마케팅** 김민석 | **책임홍보** 옥정연
디자인 아빠해마 김승우 | **인쇄** 이룸프레스
펴낸곳 픽 | **출판등록** 제406-251002015000039호
제조국 대한민국 | **사용연령** 8세 이상
주소 (10881) 경기도 파주시 회동길 471(문발동) 몽스패밀리Bd. 301호·302호

ISBN 979-11-92182-94-0 64710
ISBN 979-11-92182-72-8 64710(세트)

Peak을 향한 Pick_픽은 <잇츠북>의 학습·교양서 브랜드입니다.

동화로 키우는

문해력 어휘력 발달 프로젝트

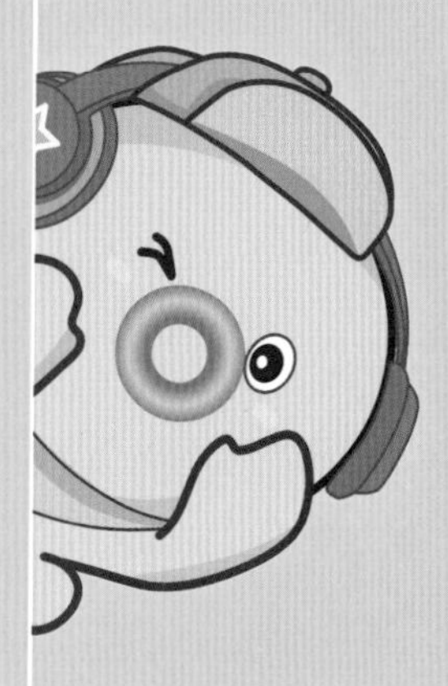

감사 편

초등문해력교사연구회 지음 | 박영 그림

픽

문해력을 키우기 위한 선택

요즘 초등학생 자녀를 둔 부모님이라면 문해력에 대해 고민해 본 적이 있을 것입니다. 또한 시중에 나와 있는 도서 중 어떤 것이 자녀의 문해력을 기르는 데 도움이 될지 살펴보기도 했을 것입니다. 원하는 책을 쉽게 찾을 수 있었나요? 그리고 실제로 도움이 되었나요?

문해력에 관련된 수많은 책이 쏟아져 나왔고, 이 순간에도 출판되고 있습니다. 어떤 책을 선택하든 학생이 성실하게 꾸준히 활용한다면 효과는 있을 것입니다.

하지만 여기서 한번쯤 고민하고 점검해 볼 사항이 있습니다. 아이들이 즐겁게 활동하는지, 효율성은 높은지, 자기 주도적으로 학습할 수 있게 설계되었는지, 책 읽기에 흥미가 높아지는지 등을 말이에요.

배움의 기본이 되는 문해력

문해력에 관련된 책들이 쏟아져 나오는 이유는 무엇일까요? 그만큼 문해력이 아이들의 배움과 직결되기 때문이 아닐까 합니다.

사람의 두뇌는 몰입해서 학습할 때, 깊이 있고 지속적인 배움이 일어납니다. 문해력은 그러한 배움의 기본이 되는 힘이라는 점에서 매우 중요합니다. 기초가 튼튼하지 않으면 작은 균열에도 무너질 수 있기 때문이지요. 『아기 돼지 삼 형제』 이야기를 떠올려 보세요. 기초 재료부터 튼튼해야 어떤 상황에서도 흔들리지 않는 힘이 생깁니다.

유창하게 읽고 쓰는 능력이 다소 부족한 학생들에게는 딱딱하게 지식을 전달하기보다는 흥미 있고 수준에 알맞은 내용의 읽기와 쓰기로 즐거움을 느끼게 해 주는 것이 중요합니다. 부담 없는 분량으로 하루하루 꾸준히 활동하다 보면 문해력은 선물처럼 따라오게 되는 것이지요. 여기서 한 발 나아가 아이가 책 읽기를 즐기게 된다면 지식의 습득 차원을 넘어 마음이 건강한 아이로 성장하게 될 것입니다.

『문어』 특장점

혼자서 책 읽기를 시작하는 학생들이 재미있게 몰입하며 문해력을 기르게 하는 것이 『문어』의 기본 목표입니다. 교재의 학습량이 많거나 본문 내용이 딱딱하면 학생들은 부담감을 느낍니다. 이러한 부담감은 몰입의 힘과 학습 동기를 떨어뜨리게 되지요. 『문어』는 이 지점에 큰 강점을 지니고 있습니다.

- 공신력 있는 여러 기관, 도서관 등의 추천을 받아 이미 검증된 동화책의 내용을 교재 본문에 활용하여 수준 높은 문학성과 읽기의 재미를 느끼게 합니다.
- 현직 교사들로 구성된 전문 집필진이 학생 수준에 딱 맞는, 부담되지 않는 양의 활동으로 교재를 구성해 학습 몰입도를 최대한 높입니다.
- 교과 성취 기준 제시를 통해 학교 공부에 직접적인 도움을 주므로 아이의 학교생활에 즐거움을 선물하고 자신감을 쑥쑥 올려 줍니다.
- 동화 본문에 나오는 단어를 그림과 함께 익히고, 따라 쓰고, 간단한 문장으로 만드는 활동을 통해 낱말의 의미를 입체적으로 이해하도록 구성하였습니다. 낱말의 뜻을 상황 속에서 이해하고 문장 만들기 활동으로 발전시키다 보면 보다 높은 학습 효과를 얻을 수 있습니다.
- 일주일마다 한 주간 익힌 낱말들을 즐겁게 복습할 수 있도록 재미있는 놀이 활동을 준비했습니다. 반복 학습을 통한 복습은 학생들이 습득한 문해력을 더욱 발전시켜 줄 것입니다.

응원의 한마디

행복한 배움은 행복한 세상을 만드는 좋은 거름입니다.
재미있게 익힌 문해력이 여러분의 미래를 즐겁고 행복하게 만드는 데 도움이 되기를 바라고 힘껏 응원합니다.

똑똑한 『문어』 활용법

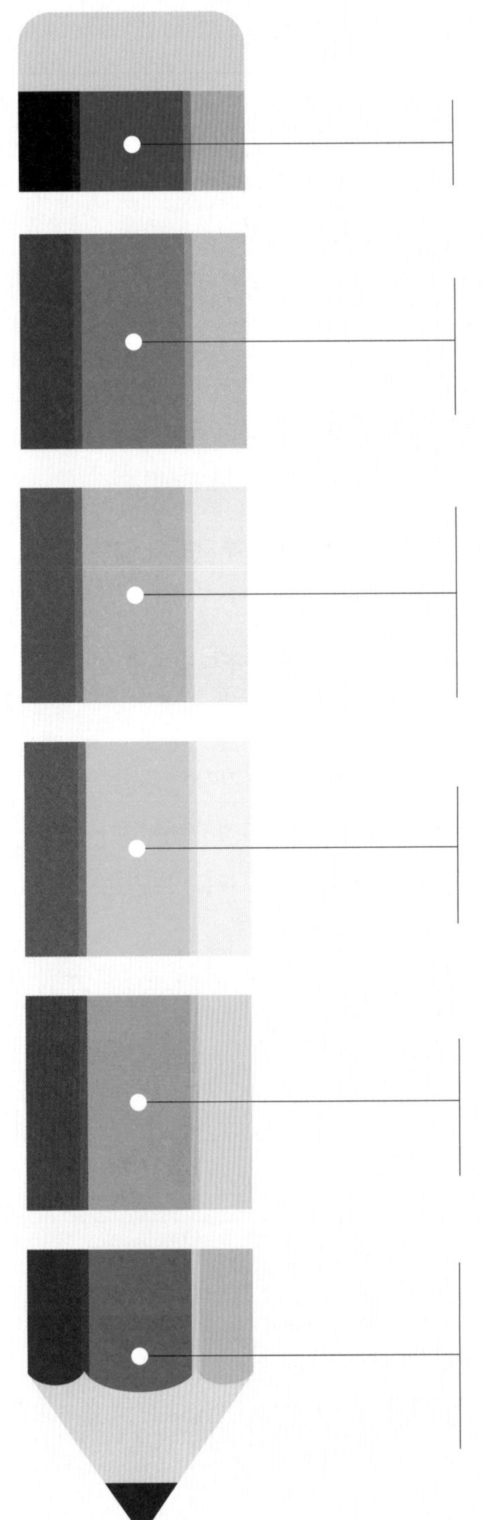

월, 화, 수, 목, 금 5일 동안 부담되지 않을 분량의 학습을 하며 문해력을 키웁니다.

QR코드를 통해 음성 파일을 제공합니다. 성우가 정확한 발음으로 읽어 주는 **<오늘의 이야기>**를 잘 듣고 따라 읽으면 읽고 쓰기뿐만 아니라 말하기에 도움이 됩니다.

눈으로 읽고, 따라 읽고, 혼자서 읽는 과정을 <읽기 쏙쏙>에서 스스로 체크하며 학습 성취도를 높입니다. <오늘의 이야기>를 제대로 이해했는지 <내용 쏙쏙>에서 문제를 해결하며 확인합니다.

친근한 문어 캐릭터가 낱말의 정확한 뜻을 전달하여 이해력을 확장시킵니다. **<낱말 쏙쏙>**에서 낱말을 따라 쓰고 또박또박 읽으며 학습 낱말을 집중적으로 연습합니다.

<생활 쏙쏙>에서는 앞에서 읽고 쓰며 배운 낱말과 연관성이 높은 생활 속 낱말을 만화, 미로찾기, 속담 등과 같이 흥미로운 활동으로 익혀 학습 몰입도를 높입니다.

주말에 <복습 마당>의 놀이 활동을 통해 일주일간 배운 내용을 확인합니다. 복습 활동으로 QR코드를 통해 성우가 말하는 낱말을 잘 듣고 혼자 써 보는 **<오늘의 받아쓰기>**가 있지만, 한글 해득이 충분히 되지 않은 경우라면 활동을 생략하거나 책 한 권이 끝날 때까지 늦춰도 괜찮습니다.

내용 쏙쏙

문제를 풀며 읽기 내용을 제대로 이해했는지 확인합니다.

찰칵!

QR 코드 실행

<오늘의 이야기> 음성 파일을 제공하여 올바른 읽기 능력과 집중력을 향상시킵니다.

<눈으로 읽기→따라 읽기→혼자 읽기> 과정을 통해 읽기 연습 과정을 체크하며 자기 주도 학습 능력을 기릅니다.

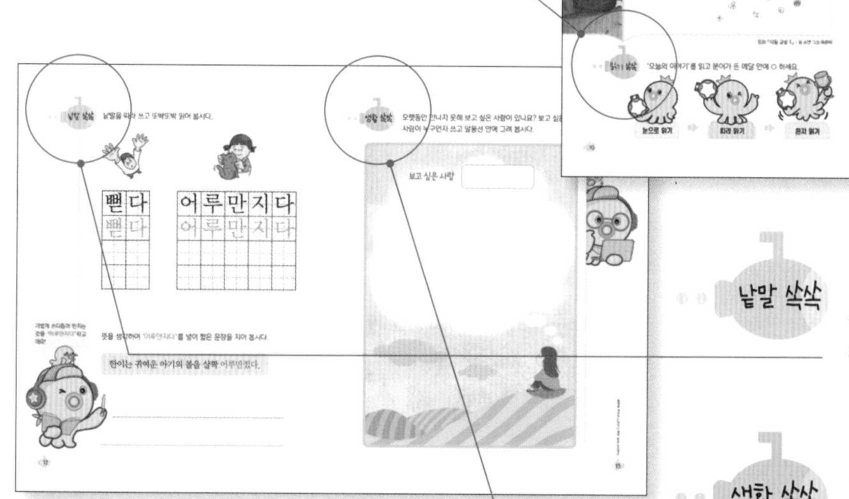

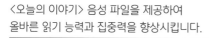

낱말 쏙쏙

낱말을 또박또박 읽고 따라 쓰면서 맞춤법을 익히고, 학습한 낱말을 넣어 짧은 문장 짓기를 하며 문장 감각과 창의력을 키웁니다.

생활 쏙쏙

미로찾기, 만화, 반대말, 유사어, 속담, 헷갈리는 맞춤법 등의 다양한 활동을 통해 생활 속에서 유용하게 쓰일 언어 감각과 사고력을 키웁니다.

QR 코드 실행

<오늘의 받아쓰기> 음성 파일을 제공하여 쓰기 능력을 확인합니다.

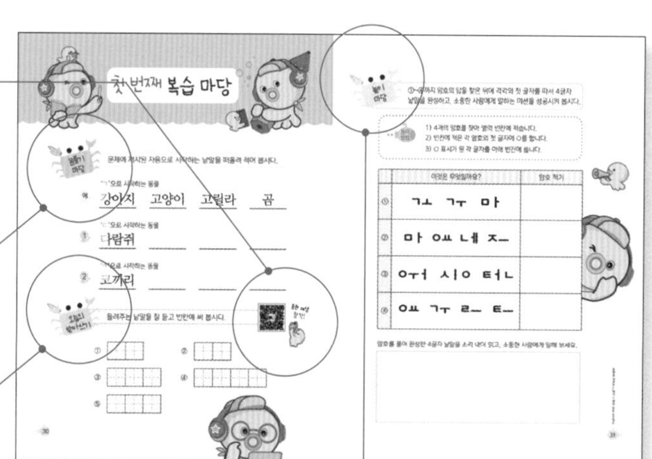

끝말잇기, 다섯고개, 같은 말로 이어 말하기, 첫말 잇기 등의 다양한 활동으로 낱말을 유추하고 활용하는 능력을 기릅니다.

5일 동안 열심히 배운 낱말들을 잘 듣고 받아쓰며 복습해 확실히 기억합니다.

낱말 퍼즐, 땅따먹기, 십자말풀이 등의 놀이 활동으로 흥미와 학습 자신감을 키웁니다.

학습 진도표

일 차	학습 낱말	오늘의 이야기	교과 성취 기준	학습 체크
1	뻗다 어루만지다	보고 싶은 엄마	**1학년** | 작품을 듣거나 읽으면서 느끼거나 생각한 점을 말한다. **2학년** | 의미가 잘 드러나도록 문장과 짧은 글을 알맞게 띄어 읽는다.	☐
2	투명 골똘하게	친구가 미운 날	**2학년** | 읽기에 흥미를 갖고 즐겨 읽는 태도를 지닌다. **2학년** | 글을 읽고 중심 내용을 확인한다.	☐
3	개업 환호성	당첨된 행운권	**2학년** | 글자와 단어를 바르게 쓴다. **2학년** | 의미가 잘 드러나도록 문장과 짧은 글을 알맞게 띄어 읽는다.	☐
4	맡다 흩뿌리다	고백할 용기가 불끈!	**1학년** | 글자, 단어, 문장, 짧은 글을 정확하게 소리 내어 읽는다. **2학년** | 읽기에 흥미를 갖고 즐겨 읽는 태도를 지닌다.	☐
5	교무실 연마	속마음 말하기	**2학년** | 읽기에 흥미를 갖고 즐겨 읽는 태도를 지닌다. **2학년** | 글자와 단어를 바르게 쓴다.	☐
복습 마당 1	뻗다, 투명, 환호성, 흩뿌리다, 교무실		**2학년** | 한글 자모의 이름과 소릿값을 알고 정확하게 발음하고 쓴다. **2학년** | 글자와 단어를 바르게 쓴다.	☐
6	두방망이질 들뜨다	두근두근 첫 대화	**2학년** | 글자와 단어를 바르게 쓴다. **2학년** | 주변 소재에 대해 소개하는 글을 쓴다.	☐
7	수련 댁	오늘의 마음 수련	**2학년** | 작품을 듣거나 읽으면서 느끼거나 생각한 점을 말한다. **2학년** | 글을 읽고 중심 내용을 확인한다.	☐
8	벗다 앉다	엄마를 위한 연주	**2학년** | 의미가 잘 드러나도록 문장과 짧은 글을 알맞게 띄어 읽는다. **3학년** | 인물과 이야기의 흐름을 중심으로 작품을 감상한다.	☐
9	쫓다 아른거리다	그리운 민호	**2학년** | 글을 읽고 중심 내용을 확인한다. **3학년** | 글의 의미를 파악하며 유창하게 글을 읽는다.	☐
10	가누다 말끝을 흐리다	스무둥이를 위한 일	**2학년** | 쓰기에 흥미를 가지며 자신의 생각이나 느낌을 문장으로 표현한다. **2학년** | 읽기에 흥미를 갖고 즐겨 읽는 태도를 지닌다.	☐
복습 마당 2	들뜨다, 수련, 앉다, 쫓다, 가누다		**2학년** | 한글 자모의 이름과 소릿값을 알고 정확하게 발음하고 쓴다. **2학년** | 글자와 단어를 바르게 쓴다.	☐

일 차	학습 낱말	오늘의 이야기	교과 성취 기준	학습 체크
11	달보드레 묻다	할아버지 최고!	2학년 | 의미가 잘 드러나도록 문장과 짧은 글을 알맞게 띄어 읽는다. 3학년 | 바람직한 읽기 습관을 형성하고 읽기에 대한 자신감을 기른다.	☐
12	도끼눈 시치미 떼다	운명의 제비뽑기	2학년 | 읽기에 흥미를 갖고 즐겨 읽는 태도를 지닌다. 2학년 | 주변 소재에 대해 소개하는 글을 쓴다.	☐
13	우연 조마조마하다	사랑의 삼각관계	2학년 | 한글 자모의 이름과 소릿값을 알고 정확하게 발음하고 쓴다. 2학년 | 인물과 이야기의 흐름을 중심으로 작품을 감상한다.	☐
14	솥뚜껑 말문이 막히다	엄마 손이 점점 커져요	2학년 | 글을 읽고 중심 내용을 확인한다. 3학년 | 바람직한 읽기 습관을 형성하고 읽기에 대한 자신감을 기른다.	☐
15	환하다 곱씹다	선물해 주고 싶은 꿈	3학년 | 글의 의미를 파악하며 유창하게 글을 읽는다. 4학년 | 목적과 주제를 고려하여 독자에게 마음을 전하는 글을 쓴다.	☐
복습 마당 3	달보드레, 시치미 떼다, 우연, 말문이 막히다, 곱씹다		2학년 | 글자와 단어를 바르게 쓴다. 2학년 | 한글 자모의 이름과 소릿값을 알고 정확하게 발음하고 쓴다.	☐
16	자체 발광 결	자신만의 빛	2학년 | 글자와 단어를 바르게 쓴다. 2학년 | 인물의 마음이나 생각을 짐작하고 이를 자신과 비교하며 글을 읽는다.	☐
17	결혼식장 간질간질	엄마 친구의 딸	2학년 | 작품을 듣거나 읽으면서 느끼거나 생각한 점을 말한다. 2학년 | 주변 소재에 대해 소개하는 글을 쓴다.	☐
18	그럴싸하다 극복하다	아빠, 걱정하지 마세요	2학년 | 소리와 표기가 다를 수 있음을 알고 단어를 바르게 읽고 쓴다. 3학년 | 인물과 이야기의 흐름을 중심으로 작품을 감상한다.	☐
19	당황스럽다 버럭	교장 선생님의 진심	2학년 | 글을 읽고 중심 내용을 확인한다. 3학년 | 글의 의미를 파악하며 유창하게 글을 읽는다.	☐
20	시시하다 궁리	학교 가기 싫은 날	2학년 | 인물의 마음이나 생각을 짐작하고 이를 자신과 비교하여 글을 읽는다. 3학년 | 바람직한 읽기 습관을 형성하고 읽기에 대한 자신감을 기른다.	☐
복습 마당 4	자체 발광, 간질간질, 극복하다, 당황 스럽다, 궁리		2학년 | 글자와 단어를 바르게 쓴다. 2학년 | 한글 자모의 이름과 소릿값을 알고 정확하게 발음하고 쓴다.	☐

1 일차 __월 __일

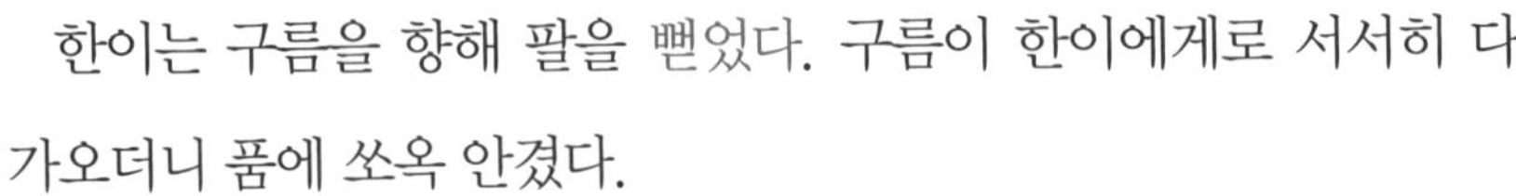

오늘의 이야기

보고 싶은 엄마

#마음 치유 #자존감 #모험

한이는 구름을 향해 팔을 뻗었다. 구름이 한이에게로 서서히 다가오더니 품에 쏘옥 안겼다.

포근하고 따뜻한 엄마 냄새. 구름을 끌어안고 볼을 비볐다. 감았던 눈을 뜨니 구름이 엄마 모습으로 변해 있었다.

꿈에 그리던 엄마가 나타났다. 한이는 놀라서 아무 말도 하지 못했다.

"보고 싶었어."

엄마가 한이 얼굴을 어루만지며 말했다.

"진짜 엄마야?"

엄마가 고개를 끄덕이며 한이를 꼭 끌어안았다. 가슴속에 뭉쳐 있는 것이 스르르 풀리며 참아 왔던 눈물이 나왔다.

동화 『비밀 교실 1』 | 글 소연 그림 유준재

읽기 | 삭삭 '오늘의 이야기'를 읽고 문어가 든 메달 안에 ○ 하세요.

눈으로 읽기

따라 읽기

혼자 읽기

내용 쏙쏙 읽은 내용을 떠올리며 문제를 해결해 봅시다.

1 한이가 구름을 향해 팔을 뻗은 뒤, 품에 안자 무엇으로 변했나요? (　　)

① 엄마

② 할머니

오므렸던 것을 펴거나 길게 내미는 것을 '뻗다'라고 해요!

2 한이는 구름에서 어떤 엄마 냄새가 났다고 했나요? (　　)

① 시큼하고 시원한 냄새

② 포근하고 따뜻한 냄새

3 오랜만에 보고 싶은 사람을 만난 한이가 어떤 표정을 지었을지 상상하여 그려 보세요.

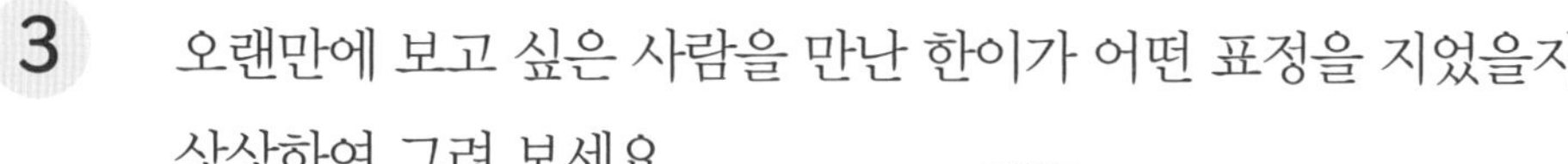

낱말 쏙쏙 낱말을 따라 쓰고 또박또박 읽어 봅시다.

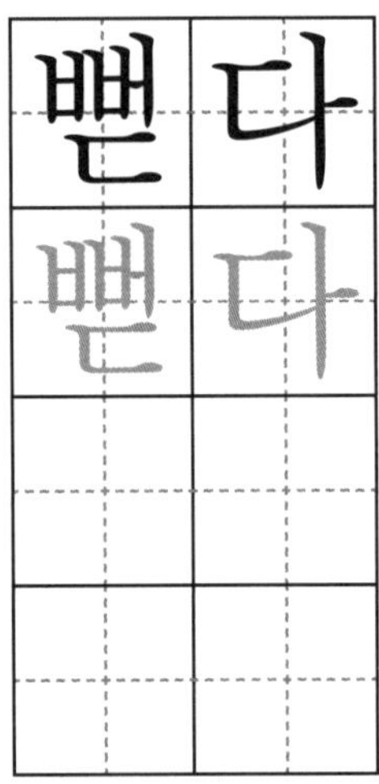

어루만지다

어루만지다

가볍게 쓰다듬어 만지는 것을 '어루만지다'라고 해요!

뜻을 생각하며 '어루만지다'를 넣어 짧은 문장을 지어 봅시다.

한이는 귀여운 아기의 볼을 살짝 어루만졌다.

생활 쏙쏙 오랫동안 만나지 못해 보고 싶은 사람이 있나요? 보고 싶은 사람이 누구인지 쓰고 말풍선 안에 그려 봅시다.

보고 싶은 사람

2 일차 ___월 ___일

오늘의 이야기

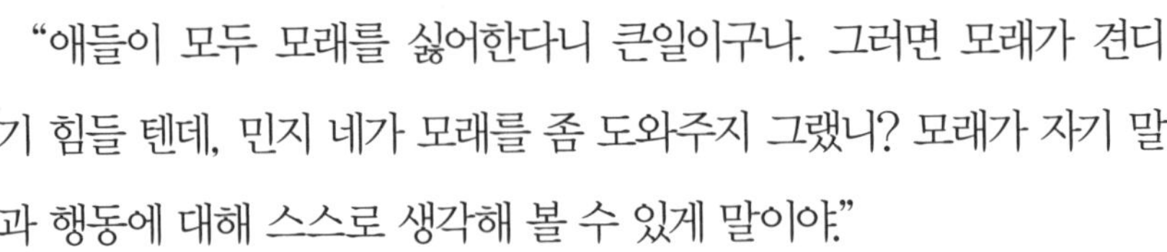

친구가 미운 날

#배려 #입장 바꿔 생각하기

"애들이 모두 모래를 싫어한다니 큰일이구나. 그러면 모래가 견디기 힘들 텐데, 민지 네가 모래를 좀 도와주지 그랬니? 모래가 자기 말과 행동에 대해 스스로 생각해 볼 수 있게 말이야."

"눈치도 주고, 말도 해 봤어. 하지만 모래는 못 알아들어. 완전히 소귀에 경 읽기라니까."

그래도 투명 인간을 만들었다는 말은 하지 않은 게 다행이었다. 내가 그런 짓을 한 걸 엄마가 안다면……. 아, 끔찍해.

엄마는 아무 말 없이 무슨 생각인가 골똘하게 했다.

"사실은 있잖아."

한참 후에 엄마가 내 손을 잡았다.

동화 『끝까지 초대할 거야』 | 글 박현숙 그림 조현숙

읽기 싹싹 '오늘의 이야기'를 읽고 문어가 든 메달 안에 ○ 하세요.

눈으로 읽기

따라 읽기

혼자 읽기

내용 쏙쏙 읽은 내용을 떠올리며 문제를 해결해 봅시다.

투명의 한자어는 '통할 투', '밝을 명'이에요. '투명'은 물체가 빛을 잘 통과시킨다는 뜻과 물 따위가 속까지 환히 비치도록 맑다는 뜻이에요!

1 눈치도 주고 말도 해 보았지만 알아듣지 못하는 사람은 누구인가요? (   )

① 모래  ② 민지 엄마

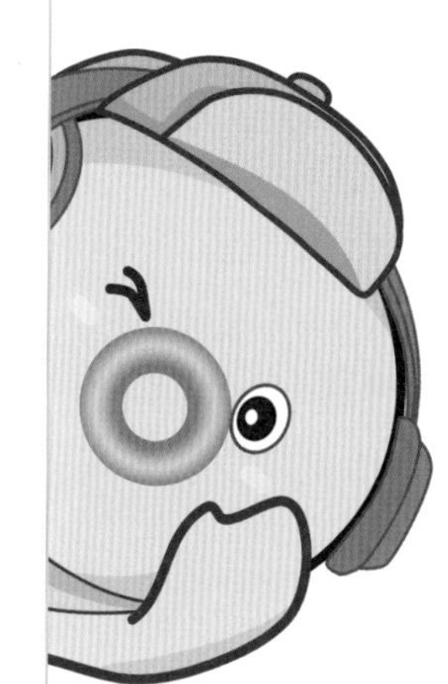

2 민지는 지금 어떤 마음인가요? (   )

① 모래와 헤어지고 혼자 있게 되어 즐거운 마음

② 모래에게 한 짓을 엄마에게 들킬까 봐 불안한 마음

3 민지 엄마가 민지의 손을 잡고 어떤 말을 했을지 상상해 써 보세요.

____

____

____

낱말 쏙쏙 낱말을 따라 쓰고 또박또박 읽어 봅시다.

투	명
투	명

골	똘	하	게
골	똘	하	게

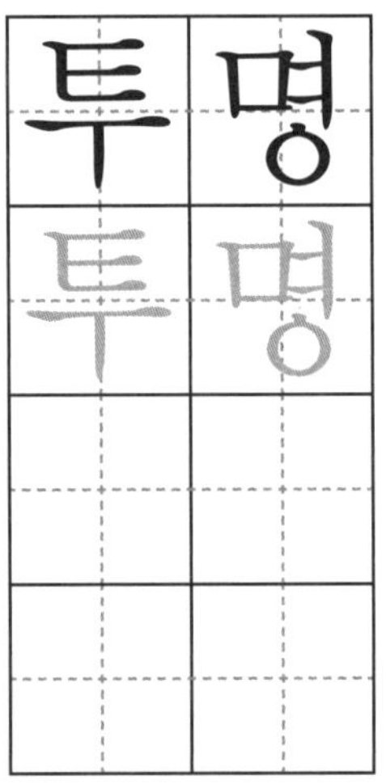

한 가지 일에 온 정신을 쏟아 딴생각이 없는 것을 '골똘하게'라고 해요!

뜻을 생각하며 '골똘하게'를 넣어 짧은 문장을 지어 봅시다.

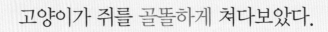

고양이가 쥐를 골똘하게 쳐다보았다.

생활 쏙쏙

<보기>에서 알맞은 낱말을 골라 (　) 안에 쓰고, 관련된 그림을 찾아 알맞게 줄을 이어 보세요.

보기

소, 귀, 흥정, 귀, 싸움, 경

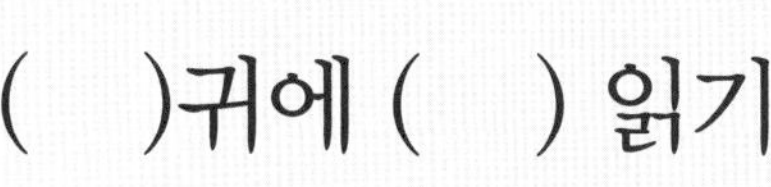

(　　)귀에 (　　) 읽기

'우이독경'이라는 사자성어로도 표현하며, 아무리 가르치고 일러 주어도 말귀를 알아듣지 못함을 이르는 말.

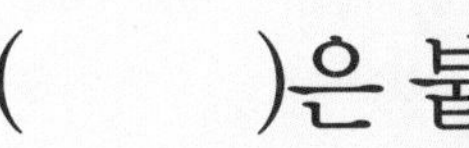

(　　　)은 붙이고

(　　　)은 말린다.

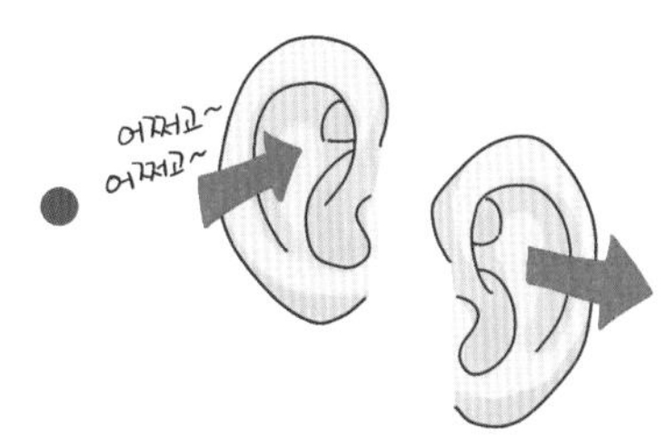

좋은 일은 권하고, 나쁜 일은 말려야 한다는 말.

한 (　　)로 듣고

한 (　　)로 흘린다.

남이 일러 주는 말을 귀담아듣지 않고 대강 들을 때 하는 말.

3 일차 __ 월 __ 일

오늘의 이야기

당첨된 행운권

#행운 #반려동물 #가족

"마침 오늘 개업 5주년 기념으로 식사 메뉴 한 개당 즉석 행운권을 한 장씩 드리고 있어요."

"뭐 대단한 거 나오겠어? 그냥 재미로 하는 거지."

아빠도 5등이 나왔다. 나는 행운권을 손바닥으로 덮고 숨을 크게 들이마셨다가 뱉었다. 그리고 조심스럽게 은박 부분을 긁었다. 5등보다 훨씬 높은 등수 2등이었다.

"우아! 대박!"

내 입에서 환호성이 터져 나왔다.

"웬일이니, 2등 상품은 럭키 박스래."

엄마가 이번엔 손뼉까지 치면서 좋아했다.

재미로 하는 거라던 아빠도 팔짱을 낀 채 웃고 있었다.

동화 『행운 없는 럭키 박스』 | 글 홍민정 그림 박영

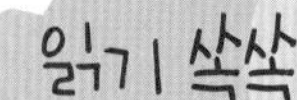

읽기 | 쏙쏙 '오늘의 이야기'를 읽고 문어가 든 메달 안에 ○ 하세요.

눈으로 읽기

따라 읽기

혼자 읽기

내용 쏙쏙 읽은 내용을 떠올리며 문제를 해결해 봅시다.

1 식당에서 개업 5주년 기념으로 주인공에게 준 선물은 무엇인가요? (　　)

① 막대 사탕　　　② 즉석 행운권

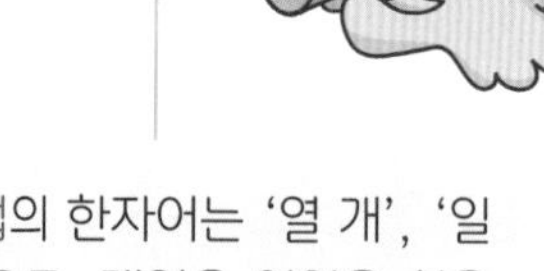

개업의 한자어는 '열 개', '일 업'으로, 개업은 영업을 처음 시작한다는 뜻이에요!

2 주인공이 2등 상품인 럭키 박스를 받았을 때 기분이 어땠을까요? (　　)

① 럭키 박스가 무엇인지 몰라 속상했다.
② 럭키 박스를 받게 되어 매우 기뻤다.

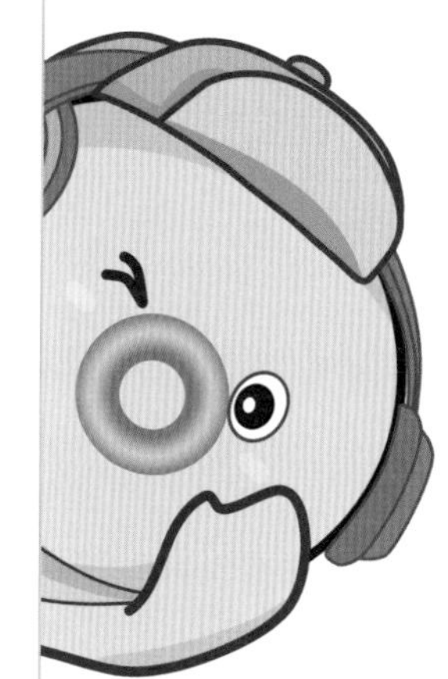

3 주인공은 행운권 2등에 당첨되고 "우아! 대박!"이라며 좋아했어요. 최근에 내가 겪은 기쁘고 좋았던 일은 무엇인지 써 보세요.

____

____

____

낱말 쏙쏙 낱말을 따라 쓰고 또박또박 읽어 봅시다.

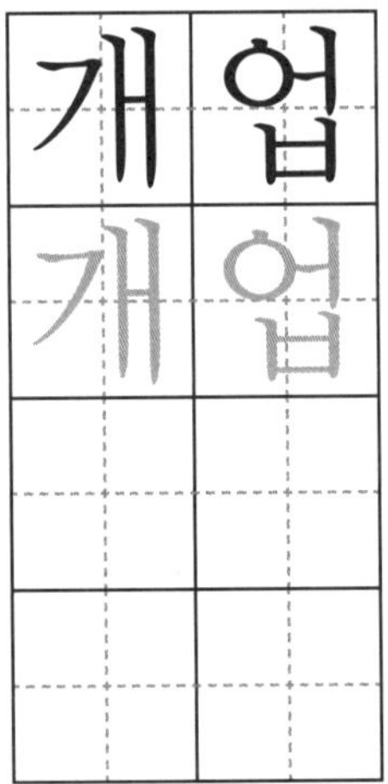

환호성
환호성

기뻐서 크게 부르짖는 소리를 '환호성'이라고 해요!

뜻을 생각하며 '환호성'을 넣어 짧은 문장을 지어 봅시다.

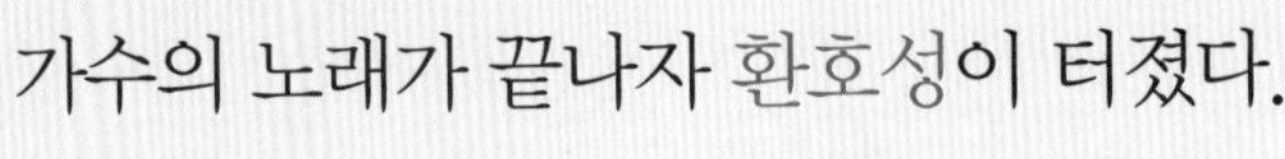

가수의 노래가 끝나자 환호성이 터졌다.

생활 쏙쏙 나에게 행운을 주는 럭키 박스가 있다고 상상한 뒤, 그 박스에 무엇이 있으면 좋을지 그려 봅시다.

오직 나만을 위한 럭키 박스!

4 일 차 ___ 월 ___ 일

오늘의 이야기

고백할 용기가 불끈!

#용기 #자신감 #학교생활

신나게 야구를 하고 교실로 돌아온 보영이는 바닥에 떨어진 껌 하나를 주웠어요. 바닥에 떨어져 있을 때는 분명히 파란색이었는데, 보영이가 주워 드니 분홍빛으로 변했어요. 분홍 껌 안에 그려진 하트 모양이 황금빛으로 반짝였어요. 보영이가 코에 대고 킁킁 냄새를 맡았어요. 그때 껌이 심장 뛰듯 벌름거리지 뭐예요? 보영이는 깜짝 놀라 두 손으로 껌을 잡아 들었어요. 분홍 포장지에 은빛 모래 가루가 흩뿌려지더니 은빛 글씨가 나타났어요.

보영이의 두 볼이 발그레 달아올랐어요.

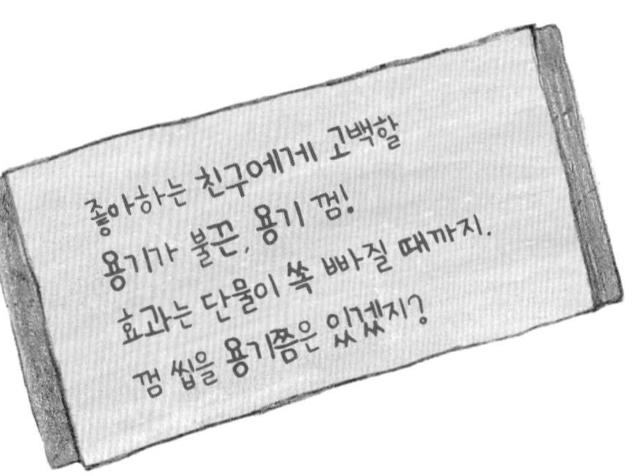

좋아하는 친구에게 고백할
용기가 불끈, 용기 껌!
효과는 단물이 쏙 빠질 때까지.
껌 씹을 용기쯤은 있겠지?

동화 『부풀어 용기 껌』 | 글 정희용 그림 김미연

읽기 쏙쏙 '오늘의 이야기'를 읽고 문어가 든 메달 안에 ○ 하세요.

눈으로 읽기 → 따라 읽기 → 혼자 읽기

내용 쏙쏙 읽은 내용을 떠올리며 문제를 해결해 봅시다.

1 보영이가 껌을 주워 들자 무슨 빛으로 변했나요? (   )

① 분홍빛 ② 파란빛

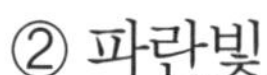

마구 흩어지게 뿌리는 것을 '흩뿌리다'라고 해요!

2 보영이가 손에 든 껌 포장지에 어떤 신기한 일이 일어났나요? (   )

① 보영이의 얼굴이 거울처럼 비춰졌다.

② 은빛 모래 가루가 흩뿌려지더니 은빛 글씨가 나타났다.

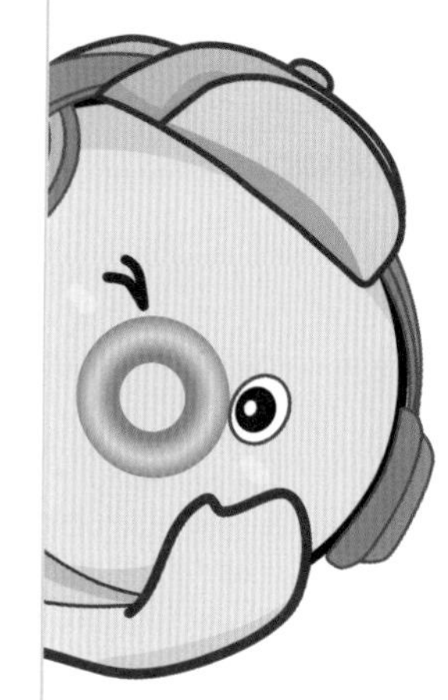

3 보영이가 주워 든 껌은 어떤 용기를 주는 껌인가요? (   )

① 좋아하는 친구에게 고백할 용기가 생기는 껌

② 많은 사람들 앞에서 발표를 잘할 용기가 생기는 껌

낱말 쏙쏙

낱말을 따라 쓰고 또박또박 읽어 봅시다.

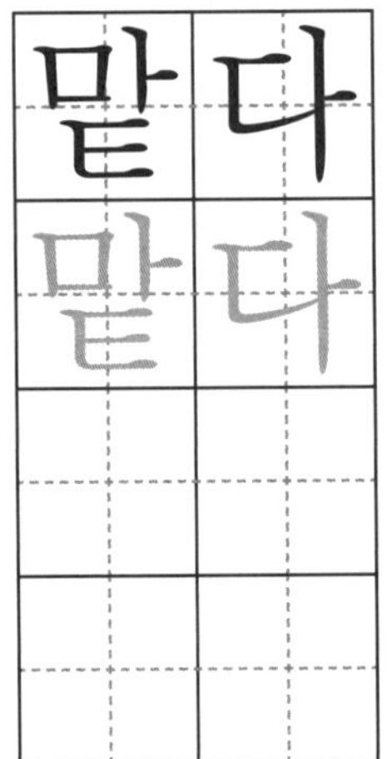

흩	뿌	리	다
흩	뿌	리	다

'맡다'는 코로 냄새를 느낄 때 쓰는 말이에요!

'맡다'와 관련된 신체 부위로 알맞은 곳에 ○ 표시를 해 봅시다.

힌트!

신발에서 고약한 냄새를 맡았어요.

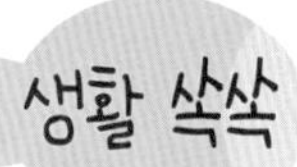

'맡다'의 두 가지 의미를 생각해 봅시다.

1번 의미
코로 냄새를 느끼다.
달콤한 꽃향기를 맡으니 기분이 좋은걸!

2번 의미
어떠한 역할을 책임지다.
노란 문어가 반장을 맡더니 더 의젓해졌구나!
감사합니다.

다음 문장을 읽고 '맡다'의 1번 / 2번 의미를 구분하여 알맞은 것에 ○ 해 봅시다.

1 나는 연극에서 사자 역할을 맡았다. ·········· 1번 / 2번

2 빵집에서 고소한 냄새를 맡았다. ············ 1번 / 2번

3 코로 시큼한 냄새를 맡았다. ················ 1번 / 2번

4 좋아하는 배우가 시상식 진행자를 맡았다. ····· 1번 / 2번

5일차 ___월 ___일

오늘의 이야기

속마음 말하기

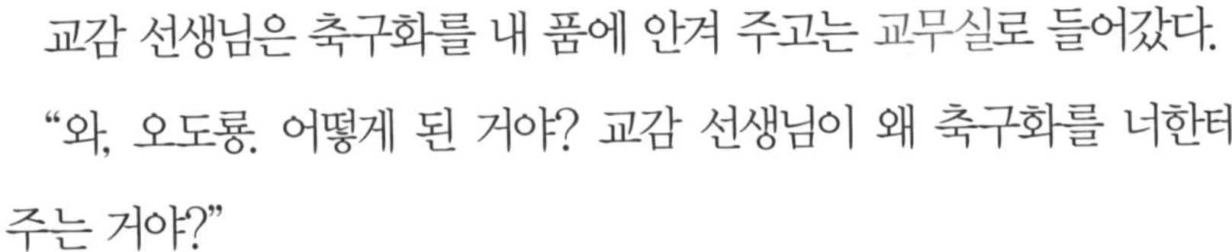

#진정성 #변명 #학교생활

교감 선생님은 축구화를 내 품에 안겨 주고는 교무실로 들어갔다.

"와, 오도룡. 어떻게 된 거야? 교감 선생님이 왜 축구화를 너한테 주는 거야?"

수용이가 쪼르르 달려왔다.

"선물? 그 기술 쓴 거지? 역시 그 기술이 최고지."

"나 그 기술 안 썼거든."

"그럼?"

"오늘 진짜 잘 혼나는 기술을 알아냈어."

그건 내 속마음을 그대로 말하는 거다. 속마음을 그대로 말해서 혼날 일이 있으면 혼나는 게 가장 잘 혼나는 기술이다.

"뭔데? 어떻게 하는 건데? 나도 그 기술 연마 좀 하자."

"교감 선생님하고 오늘, 내일 수업 마치고 화단에서 풀 뽑기로 했거든. 너도 같이 뽑으면 그 기술을 전수해 줄게."

동화 『잘 혼나는 기술』 | 글 박현숙 그림 조히

읽기 쏙쏙 '오늘의 이야기'를 읽고 문어가 든 메달 안에 ○ 하세요.

눈으로 읽기

따라 읽기

혼자 읽기

내용 쏙쏙 읽은 내용을 떠올리며 문제를 해결해 봅시다.

1 교감 선생님이 도룡이 품에 안겨 준 것은 무엇인가요? (　　)

① 글러브　　　　② 축구화

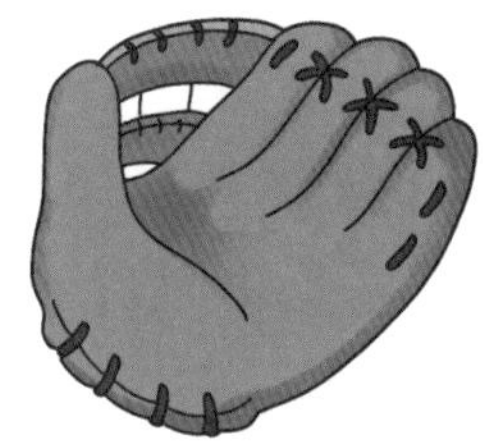

교무실의 한자어는 '학교 교', '일 무', '방 실'이에요. '교무실'은 학교에서 이루어지는 여러 가지 일을 맡아보는 공간을 뜻해요!

2 오도룡의 진짜 잘 혼나는 기술은 무엇인가요? (　　)

① 내 속마음을 그대로 말하기

② 거짓으로 반성하는 표정 짓기

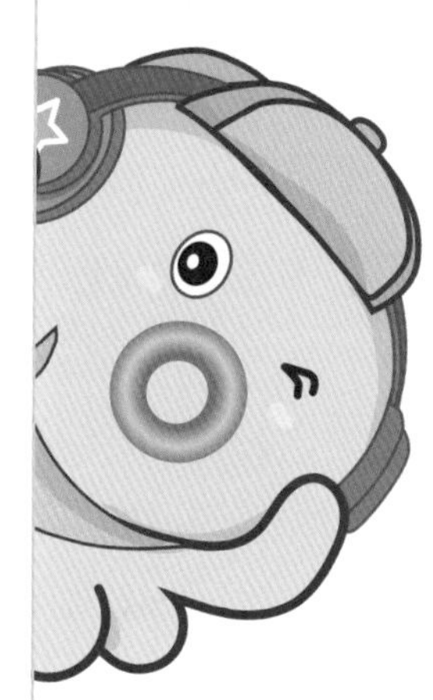

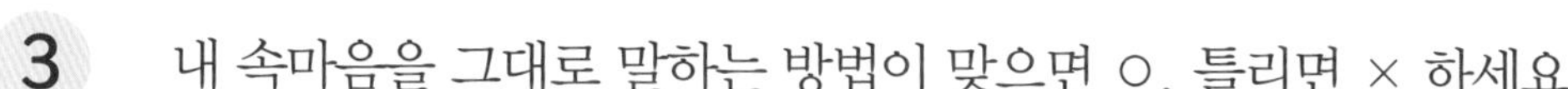

3 내 속마음을 그대로 말하는 방법이 맞으면 ○, 틀리면 × 하세요.

① 내가 잘못했을 때 인정하고 미안하다 말하기 (　　)

② 엄마가 야단칠 때 억울하다고 큰 소리로 떼쓰기 (　　)

③ 친구가 기분 나쁜 말을 할 때 기분이 좋지 않다 말하기 (　　)

낱말 쏙쏙

낱말을 따라 쓰고 또박또박 읽어 봅시다.

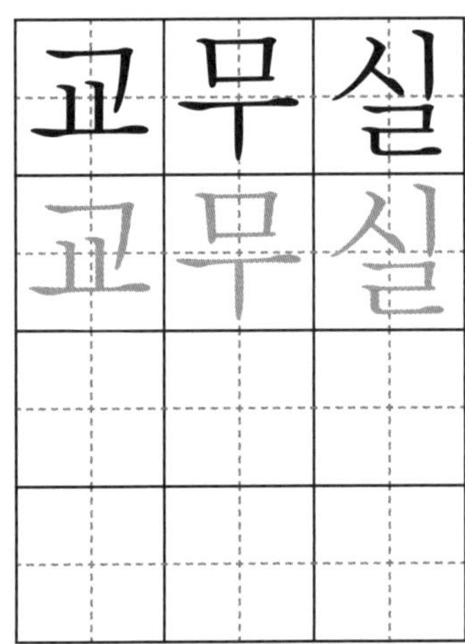

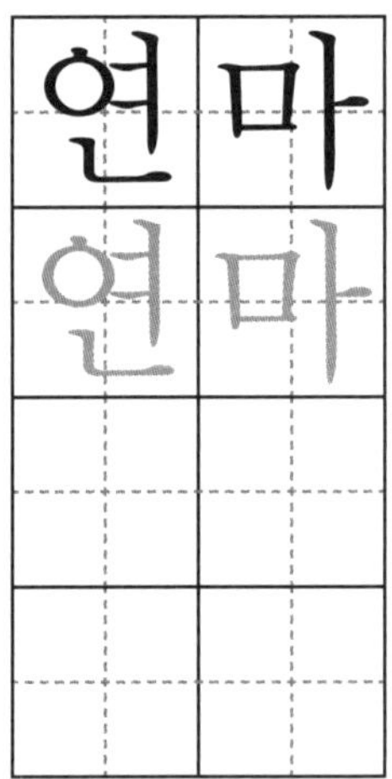

학문이나 기술 등을 힘써 배우고 익히는 것을 '연마'라고 해요!

뜻을 생각하며 '연마'를 넣어 짧은 문장을 지어 봅시다.

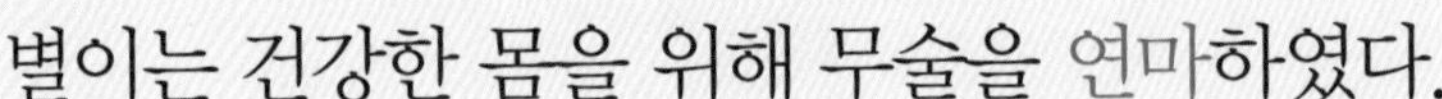

별이는 건강한 몸을 위해 무술을 연마하였다.

생활 쏙쏙 누군가에게 실수하여 미안하거나 속상했던 경험이 있나요? 타임머신을 타고 그때로 돌아가 나의 속마음을 솔직하게 표현해 봅시다.

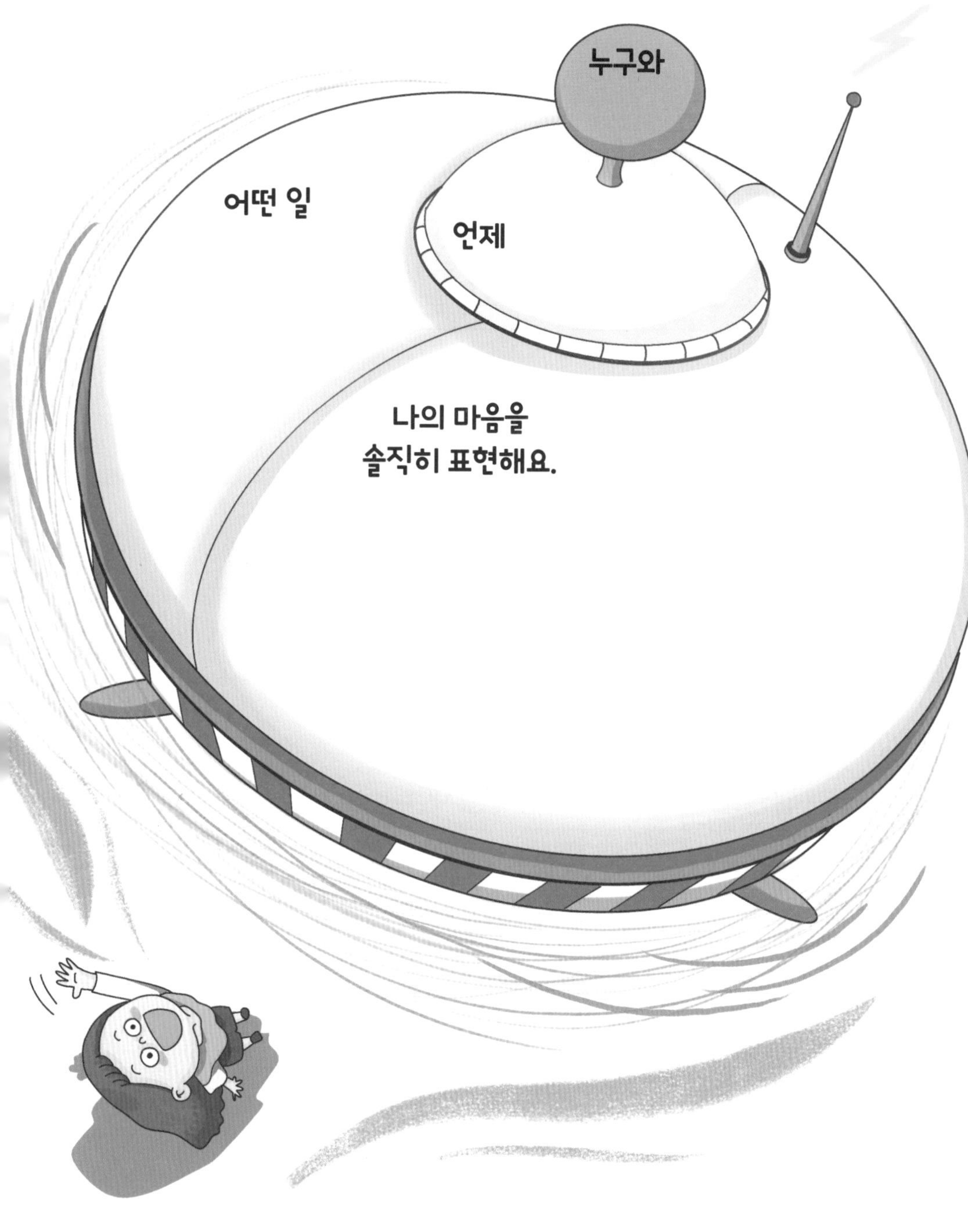

누구와

어떤 일

언제

나의 마음을
솔직히 표현해요.

첫 번째 복습 마당

문제에 제시된 자음으로 시작하는 낱말을 떠올려 적어 봅시다.

'ㄱ'으로 시작하는 동물

예 강아지 ___ 고양이 ___ 고릴라 ___ 곰 ___

'ㄷ'으로 시작하는 동물

1 다람쥐 ___ ___ ___ ___

'ㅋ'으로 시작하는 동물

2 코끼리 ___ ___ ___ ___

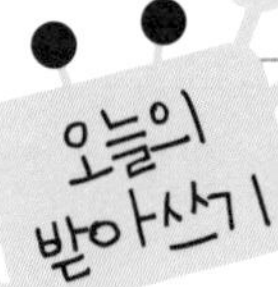

들려주는 낱말을 잘 듣고 빈칸에 써 봅시다.

① 

② 

③ 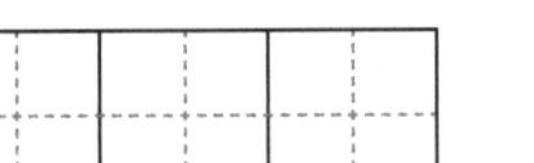

④ 

⑤ 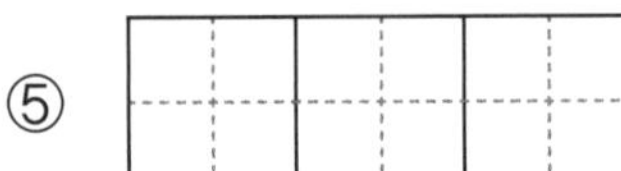

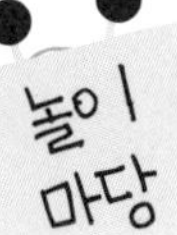

①~④까지 암호의 답을 찾은 뒤에 각각의 첫 글자를 따서 4글자 낱말을 완성하고, 소중한 사람에게 말하는 미션을 성공시켜 봅시다.

1) 4개의 암호를 찾아 옆의 빈칸에 적습니다.
2) 빈칸에 적은 각 암호의 첫 글자에 ○를 합니다.
3) ○ 표시가 된 각 글자를 아래 빈칸에 씁니다.

	이것은 무엇일까요?	암호 적기
①	ㄱㅗ ㄱㅜ ㅁㅏ	
②	ㅁㅏ ㅇㅛ ㄴㅔ ㅈㅡ	
③	ㅇㅓ ㅅㅣㅇ ㅌㅓㄴ	
④	ㅇㅛ ㄱㅜ ㄹㅡ ㅌㅡ	

암호를 풀어 완성한 4글자 낱말을 소리 내어 읽고, 소중한 사람에게 말해 보세요.

6 일차 ___월 ___일

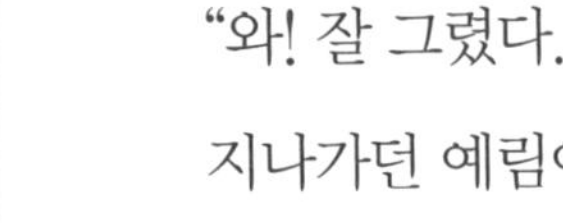

두근두근 첫 대화

#감정 #삼각관계

"와! 잘 그렸다."

지나가던 예림이가 내 그림을 보며 웃었다.

"어?"

나는 놀라서 아무 말도 못 하고 그림만 뚫어지게 봤다.

그림 속에 있는 주황색 고양이가 웃고 있었다. 요즘 우리 반에서는 귀여운 동물 캐릭터 그리기가 인기였다.

예림이가 처음으로 나에게 말을 걸었다.

첫 대화가 칭찬이라니, 심장이 빠르게 두방망이질 쳤다.

'혹시 나에게 관심 있나?' 하는 생각에 기분이 들떴다.

예림이는 아무렇지 않게 자리에 앉았지만, 나는 땀에 젖은 손을 바지에 문질러 댔다.

주변을 둘러보다가 예림이와 눈이 마주쳤다. 예림이가 싱긋 웃었다.

나는 덩달아 웃다가 당황해서 손을 흔들었다. 교실 안에서 손을 흔들다니, 부끄러워서 작은 구멍에라도 숨고 싶은 마음이었다.

동화 『사이 떡볶이』 | 글 소연 그림 원유미

읽기 쏙쏙 '오늘의 이야기'를 읽고 문어가 든 메달 안에 ○ 하세요.

눈으로 읽기 → 따라 읽기 → 혼자 읽기

내용 쏙쏙 읽은 내용을 떠올리며 문제를 해결해 봅시다.

1 주인공이 그린 고양이로 알맞은 것을 골라 ○ 하세요.

① 예쁜 흰색 고양이

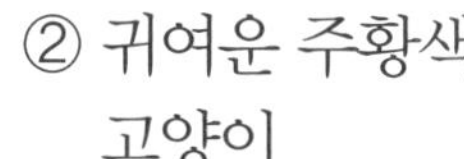

② 귀여운 주황색 고양이

③ 멋진 검정색 고양이

가슴이 매우 크게 두근거리는 것을 '두방망이질'이라 표현해요!

2 주인공의 심장이 빠르게 두방망이질 친 까닭은 무엇인가요? ( )

① 선생님이 그림을 칭찬해 주셔서

② 예림이가 처음으로 말을 걸며 칭찬해 주어서

③ 첫 발표가 긴장되어서

3 주인공이 예림이와 눈이 마주치고 나서 한 행동이 아닌 것은 무엇인가요? ( )

① 덩달아 웃기

② 손 흔들기

③ 작은 구멍에 숨기

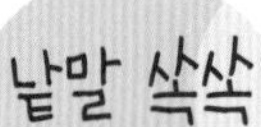

낱말을 따라 쓰고 또박또박 읽어 봅시다.

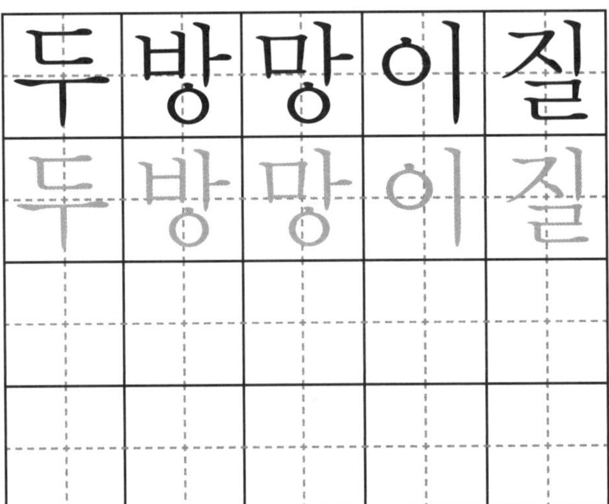

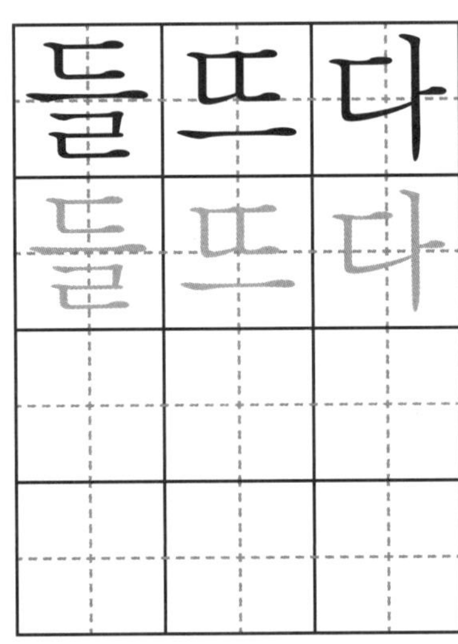

기대되고 즐거운 마음을 '들뜨다'라고 표현해요! 이런 순간엔 웃음이 나고 심장이 빨리 뛰기도 해요.

뜻을 생각하며 '들뜨다'를 넣어 짧은 문장을 지어 봅시다.

방학에 예정된 가족 여행을 생각하니 마음이 들떴다.

생활 쏙쏙 '두방망이질'의 여러 가지 의미를 알아봅시다.

두방망이질

의미 ①

두 손에 방망이를
하나씩 들고
번갈아 가며 하는 방망이질.

의미 ②

두 주먹으로 번갈아
때리거나 두드리는 일.

의미 ③

가슴이 매우 크게
두근거리는 것.

의미 ③을 활용하여 다음 문장을 완성해 봅시다.

나는 ______________________________ 때

가슴이 두방망이질 쳤던 적이 있다.

7 일차 ___월 ___일

오늘의 이야기

오늘의 마음 수련

#정의로움 #선행 #우정

"오늘의 수련은 저 연탄을 꼭대기에 사시는 할머니들, 할아버지들 댁까지 옮기는 거다. 자, 시작!"

너무 놀라 가만히 서 있는 우리 어깨를 툭툭 두드리며 형들이 차례로 지나갔다.

"헤헤, 놀랐니? 우리 사부님이 매년 하시는 일이야."

꽁지머리 형이 연탄을 챙기며 말했다.

"이것은 무슨 의미의 수련일까요?"

이번엔 사부님이 말해 주기 전에 내가 먼저 알아내고 싶었다.

"헤헤, 뭐긴, 힘든 사람 돕는 마음을 배우는 거지. 무술이니 뭐니, 사실 그런 거 안 가르쳐 주셔. 우리 같은 말썽쟁이들을 사람 만들어 주고, 힘든 어르신들 돌봐드리고. 우리도 사부님 아니었으면 어떻게 됐을지 몰라. 너도 무술 같은 거 배워서 어깨에 힘주고 다닐 생각일랑 일찌감치 접어라, 헤헤."

동화 『소룡 반점 특별 수련』 | 글 예영희 그림 신민재

읽기 쏙쏙 '오늘의 이야기'를 읽고 문어가 든 메달 안에 ○ 하세요.

눈으로 읽기

따라 읽기

혼자 읽기

내용 쏙쏙 읽은 내용을 떠올리며 문제를 해결해 봅시다.

1 오늘 주인공이 해야 하는 수련의 종류는 무엇인가요? ( )

① 윗몸 일으키기 100번 하기

② 연탄을 할머니들, 할아버지들 댁까지 옮기기

몸과 마음을 더욱 성장시키기 위해 훈련하는 것을 '수련'이라고 해요!

2 사부님의 수련은 어떤 의미를 담고 있나요? ( )

① 힘든 사람을 돕는 마음을 배우는 것

② 체력을 향상시켜 몸을 건강히 유지하는 것

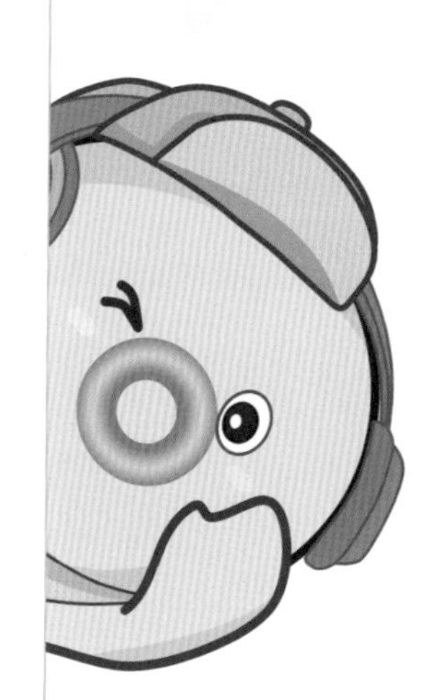

3 몸과 마음을 건강하게 하는 다양한 방법을 살펴보고 기준에 따라 분류하여 알맞은 자리에 써넣어 보세요.

① 열심히 수업 들으며 지식과 교양 쌓기

② 골고루 먹기

③ 규칙적인 운동

④ 책을 읽으며 생각 키우기

⑤ 부지런하고 규칙적인 생활하기

⑥ 가족들과 함께 이야기 나누는 시간 갖기

⑦ 물 많이 마시기

분류 기준	몸을 건강하게 하는 방법	마음을 건강하게 하는 방법
기호 (번호)		

낱말 쏙쏙 낱말을 따라 쓰고 또박또박 읽어 봅시다.

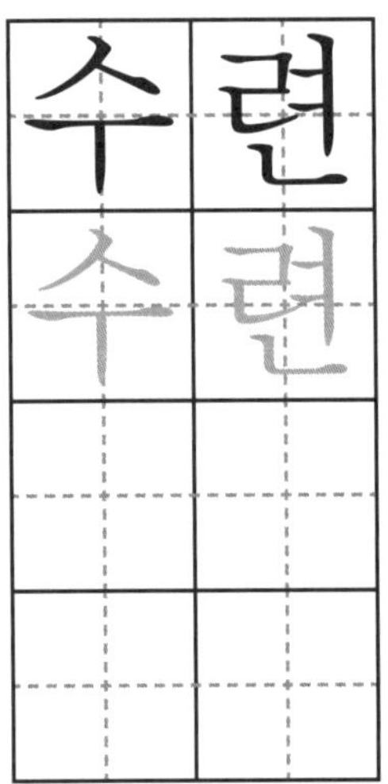

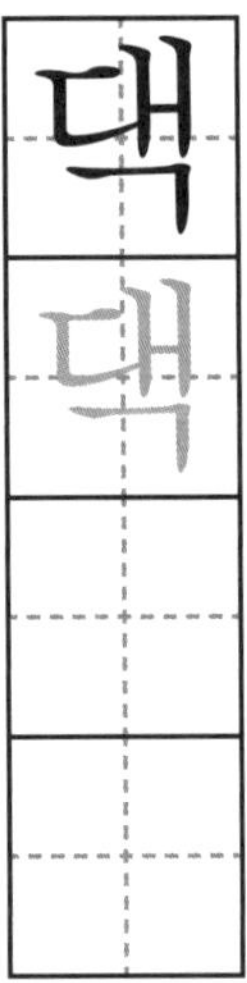

집의 높임 표현을 '댁'이라고 해요!

뜻을 생각하며 '댁'을 넣어 짧은 문장을 지어 봅시다.

여름 방학이 되면 할머니 댁에 놀러 가야겠다.

생활 쏙쏙 다양한 높임 표현을 떠올리며 알맞은 것끼리 줄을 이어 봅시다.

	집 •	• 진지
	밥 •	• 생신
	생일 •	• 댁
	물어보다 •	• 드리다
	나이 •	• 성함
	주다 •	• 여쭈어보다
	이름 •	• 연세

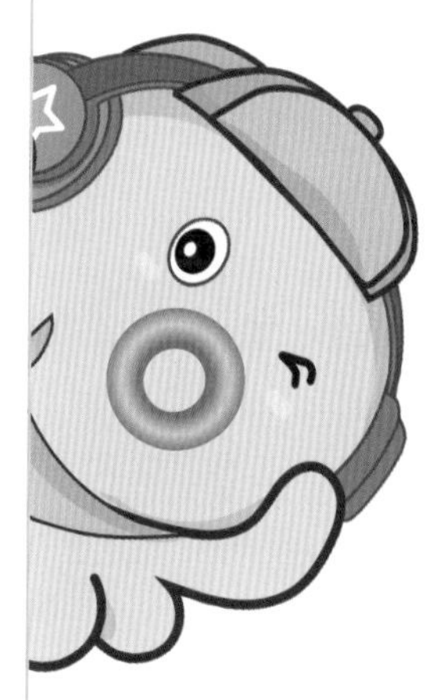

오늘의 이야기

엄마를 위한 연주

#성취감 #자신감 #성실

"엄마, 있잖아요."

엄마는 고무장갑을 벗으며 나를 쳐다보았다.

"음…… 엄마한테 리코더 연주를 들려주고 싶어요."

"리코더? 배운 지 얼마 되지도 않았잖아. 그리고 리코더가 쉬운 악기가 아니야. 네 형이 리코더 때문에 얼마나 힘들어했는데."

엄마는 형도 잘 불지 못하는 리코더를 내가 잘 불 리가 없다고 생각하는 눈치였다. 나는 얼른 방으로 들어가 리코더를 들고 나왔다.

"그래, 엄마를 위해서 연주해 준다고 하니까 들어나 볼까?"

리코더를 입에 물고 손가락을 구멍에 붙이자 간질거림이 느껴졌다. 몇 번이나 연습을 했던 「마법의 성」을 불었다. 리코더가 내는 소리에 엄마 눈이 왕방울만큼 커졌다. 그리고는 자세를 고쳐 앉더니 눈을 감았다. 마지막 음을 길게 불고 나자 엄마가 박수를 쳤다.

동화 『벼락 맞은 리코더』 | 글 류미정 그림 정경아

읽기 쏙쏙 '오늘의 이야기'를 읽고 문어가 든 메달 안에 ○ 하세요.

눈으로 읽기

따라 읽기

혼자 읽기

내용 쏙쏙 읽은 내용을 떠올리며 문제를 해결해 봅시다.

1 주인공이 엄마를 위해 연주한 악기의 이름은 무엇인가요? (　　)

① 피아노

② 리코더

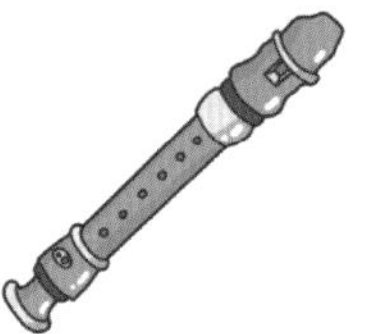

'앉다'는 윗몸을 바로 한 상태에서 엉덩이에 몸무게를 실어 바닥이나 의자 등에 몸을 올려놓는 것을 뜻해요!

2 주인공의 연주를 들은 엄마는 어떤 마음이 들었을까요? (　　)

① 예상 밖의 뛰어난 연주를 들어 놀라고 감탄했다.

② 형보다 형편없는 연주 솜씨에 실망했다.

3 주인공의 연주를 듣고 있는 엄마의 자세로 알맞은 것에 ○ 해 보세요.

리코더가 내는 소리에 엄마 눈이 왕방울만큼 커졌다. 그러고는 자세를 고쳐 앉더니 눈을 감았다. 마지막 음을 길게 불고 나자 엄마가 박수를 쳤다.

 ☐

 ☐

낱말 쏙쏙 낱말을 따라 쓰고 또박또박 읽어 봅시다.

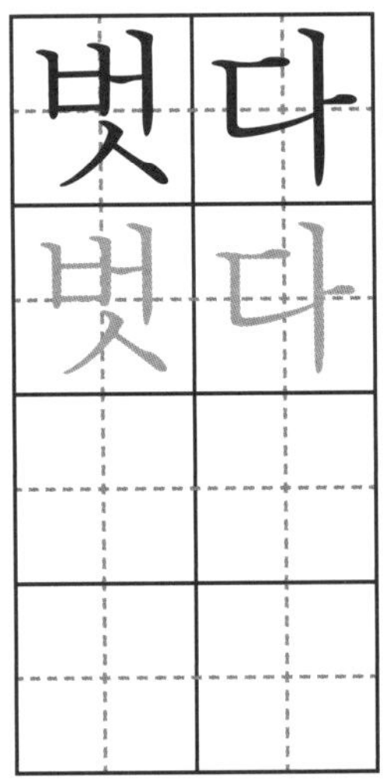

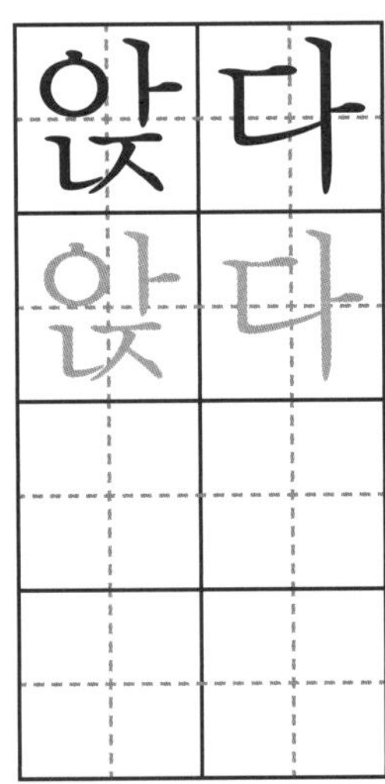

몸에 착용한 물건을 떼어 내는 것을 '벗다'라고 해요!

뜻을 생각하며 '벗다'를 넣어 짧은 문장을 지어 봅시다.

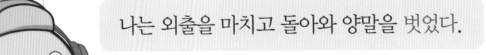

나는 외출을 마치고 돌아와 양말을 벗었다.

생활 쏙쏙

우리 가족을 행복하게 만들기 위한 일에는 무엇이 있을지 생각하여 간략히 써 봅시다.

가족을 웃길 수 있는 나만의 장기

가족에게 응원의 한마디

가족과 함께할 수 있는 놀이

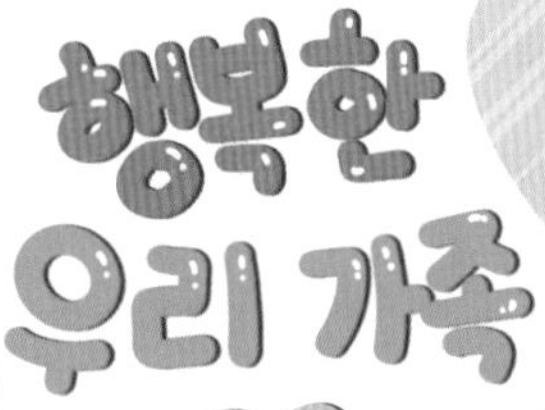

가족 모두가 좋아하는 음식

이번 주말에 가족과 함께하고 싶은 것

우리 가족에게 바라는 것

가족과 함께 가고 싶은 곳

내가 할 수 있는 집안일

오늘의 이야기

그리운 민호

#가족 #집 #사랑

나는 민호를 부르며 울다가 잠에서 깼어. 민호를 잃어버렸던 날의 기억이 생생했지. 자면서도 계속 울었나 봐. 딱딱했던 눈곱이 다 녹아내렸더라고.

아침 해가 떠오른 지 한참이 지났는데도 일어날 수가 없었어. 눈꺼풀에 돌덩이가 놓인 것처럼 무거웠지. 파리 한 마리가 윙윙거리며 내 주위를 얼쩡거렸어. 꼬리로 툭툭 휘저어 쫓아 보았지만 파리는 끈질기게 내 곁을 맴돌았지.

점박이 말대로 내가 정말 버려진 걸까? 아냐, 그럴 리 없어. 민호는 절대 그럴 아이가 아니야. 그런데 민호는 왜 날 두고 혼자 갔을까?

꼬르륵. 아, 배가 너무 고파. 내가 버려졌는지 아닌지를 따질 때가 아니었지. 뭐라도 먹어서 배를 채워야 했어. 어제 뚱보 비둘기에게 뺏긴 새우 과자가 자꾸 눈앞에 아른거렸어. 온 세상이 전부 먹을 것으로 보였지.

동화 『집으로 가는 길』 | 글 김은아 그림 박재현

읽기 | 삭삭 '오늘의 이야기'를 읽고 문어가 든 메달 안에 ○ 하세요.

눈으로 읽기

따라 읽기

혼자 읽기

내용 쏙쏙 읽은 내용을 떠올리며 문제를 해결해 봅시다.

1 주인공은 누구를 잃어버렸나요? (　　)

① 민호
② 점박이
③ 비둘기

전에 보았던 것이 자꾸 떠오르는 것을 '아른거리다'라고 표현해요!

2 주인공의 곁을 끈질기게 맴돌고 있는 것은 무엇인가요? (　　)

① 파리
② 비둘기
③ 엄마의 잔소리

3 주인공이 뚱보 비둘기에게 빼앗겨 자꾸 눈앞에 아른거리는 것은 무엇인가요? (　　)

① 핫도그　　② 닭다리　　③ 새우 과자

 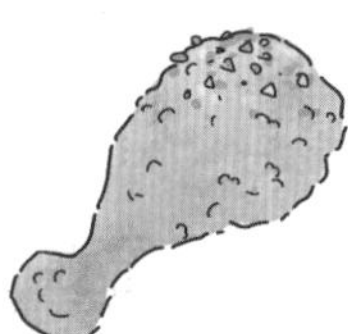 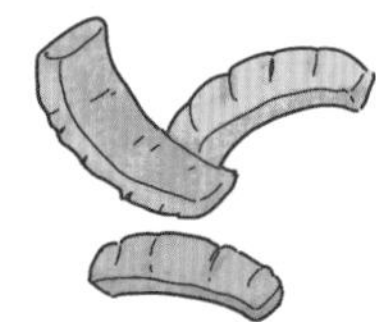

낱말 쏙쏙

낱말을 따라 쓰고 또박또박 읽어 봅시다.

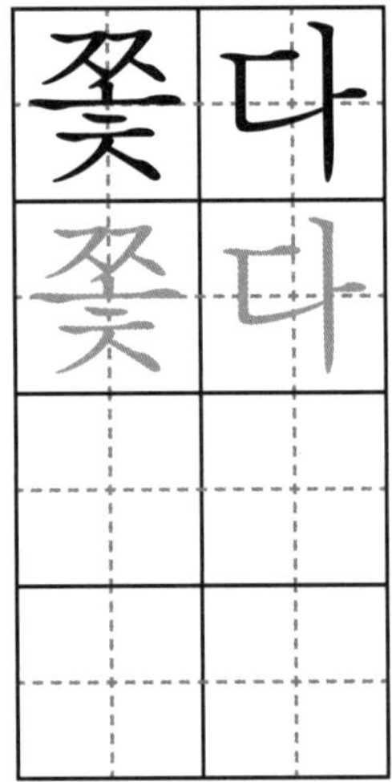

쫓	다
쫓	다

아	른	거	리	다
아	른	거	리	다

어떤 자리에서 떠나도록 몰아내는 것을 '쫓다'라고 표현해요!

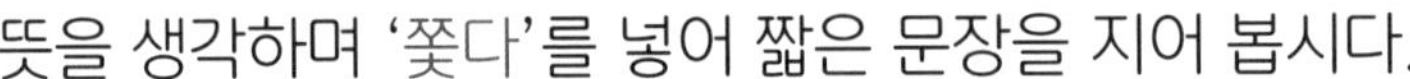

뜻을 생각하며 '쫓다'를 넣어 짧은 문장을 지어 봅시다.

아빠가 모기를 쫓기 위해 모기향을 피웠다.

생활 쏙쏙

'쫓다'의 두 가지 뜻을 생각하며 만화를 읽어 봅시다.

첫 번째 상황
나 잡아 봐라!
거기 문어, 잡히기만 해 봐!
날 쫓던 파랑이가 어디 갔지?
~ 휑 ~

첫 번째 의미: 잡기 위해 뒤를 따르는 것.

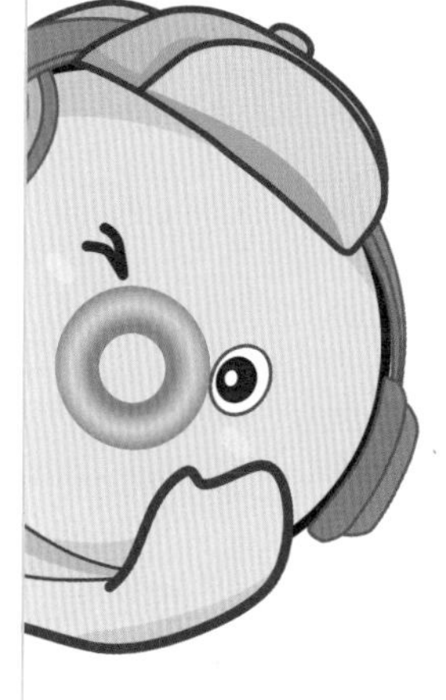

두 번째 상황
윙~~
위이이잉~~
아휴, 모기 쫓느라 힘드네.

두 번째 의미: 없애거나 떠나게 만들기 위해 몰아내는 것.

TIP!

문장의 앞뒤를 잘 살펴보면 몇 번째 의미인지 알 수 있어요!

10일차 ___월 ___일

오늘의 이야기

스무둥이를 위한 일

#이해 #생명 존중 #우정

경태가 병아리 스무둥이를 가슴에 안고 선생님을 불렀다.

"그래, 경태야."

"스무둥이를 새집에 그냥 넣어도 괜찮을까요?"

경태는 다리를 제대로 가누지 못하는 스무둥이가 걱정되었다. 지난번 다른 병아리들에게 괴롭힘을 당했을 때도 내색하진 않았지만 속이 상해서 밤에 잠도 제대로 못 잤다.

"선생님 생각에는 스무둥이를 앞으로 계속 다른 병아리들하고 따로 키울 게 아니라면, 지금부터 여럿이 함께 살도록 도와주는 게 좋을 것 같아. 다른 병아리들하고 부딪히면서 스무둥이도 스스로 살아갈 방법을 찾지 않을까?"

"그렇겠지요? 지금은 더 나은 방법이……."

경태는 떨리는 입술로 말끝을 흐렸다.

"한번 지켜보자꾸나."

경태는 스무둥이를 한번 꼭 안아 주고는 새집 안으로 조심스레 들여보냈다.

동화 『경태의 병아리』 | 글 김용세 그림 김주경

읽기 쏙쏙 '오늘의 이야기'를 읽고 문어가 든 메달 안에 ○ 하세요.

눈으로 읽기

따라 읽기

혼자 읽기

내용 쏙쏙 읽은 내용을 떠올리며 문제를 해결해 봅시다.

말의 맨 끝을 분명하지 아니하고 어렴풋하거나 모호하게 할 때 '말끝을 흐리다'라고 표현해요!

1 스무둥이는 어떤 동물인가요? (　　)

① 고양이 ② 병아리

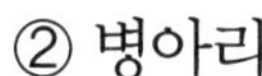

2 스무둥이가 제대로 가누지 못하는 몸의 부위는 어디인가요? (　　)

① 다리 ② 날개

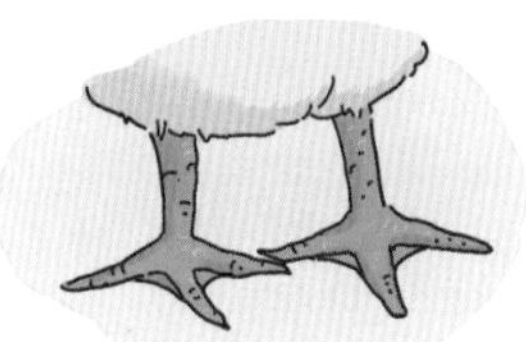

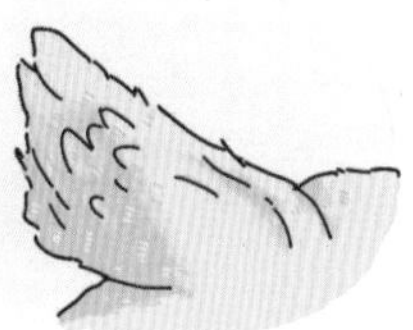

3 선생님이 말한 '스무둥이를 위한 일'은 무엇인가요? (　　)

① 스무둥이 혼자 살 수 있는 집을 만들어 주는 것

② 스무둥이가 여럿이 어울려 함께 살도록 도와주는 것

낱말 쏙쏙

낱말을 따라 쓰고 또박또박 읽어 봅시다.

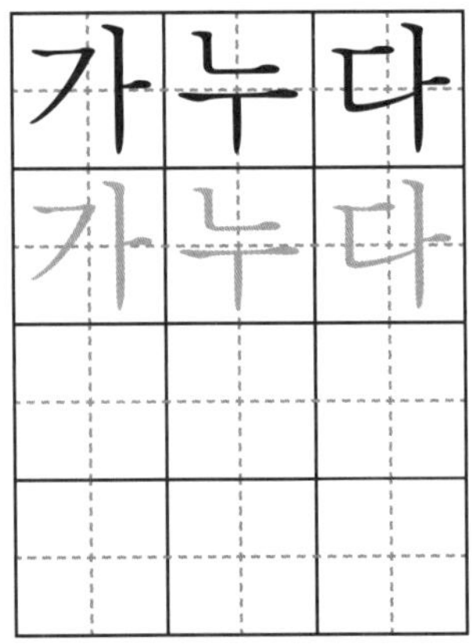

말끝을 흐리다

말끝을 흐리다

'가누다'는 몸을 바른 자세로 유지할 수 있다는 의미예요! '가누지 못하는 부위'는 바른 자세를 취하기 힘든 신체의 부위를 뜻해요.

뜻을 생각하며 '가누다'를 넣어 짧은 문장을 지어 봅시다.

철이는 팔을 다쳐 몸을 가누기가 어렵다.

생활 쏙쏙

자주 쓰이는 문장 부호 중 하나인 '말줄임표(……)'에 대해 알아봅시다.

말줄임표란?
(……)
줄의 가운데에 점을 여섯 개 찍는 문장 부호입니다.
말줄임표는 어떨 때 사용하나요?
할 말을 줄이거나 말이 없음을 나타낼 때 사용합니다! 아래의 예시를 함께 볼까요?

나 곧 전학 가.
많이 보고 싶을 텐데…….

① 말끝을 흐리거나 할 말을 줄일 때.

뭘 잘못했는지 빨리 대답해!
…….

② 말이 없음을 나타낼 때.

그러니까…… 너를…… 정말…… 좋아해.

③ 머뭇거림을 표현할 때.

어떤 음식 좋아해?
떡볶이, 치킨, 피자…….
주문
FOOD

④ 여러 단어를 늘어놓을 때.

두 번째 복습 마당

세 글자 말허리로 말잇기 놀이를 해 봅시다.

방법 1. 세 글자로만 대답합니다.
방법 2. 가운데 글자를 그다음 낱말의 첫 번째 글자로 해서 세 글자 낱말을 만듭니다 .

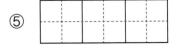

대나무 — 나이테 — 이발사 — 발가락

강아지 — — —

주사위 — — —

들려주는 낱말을 잘 듣고 빈칸에 써 봅시다.

①
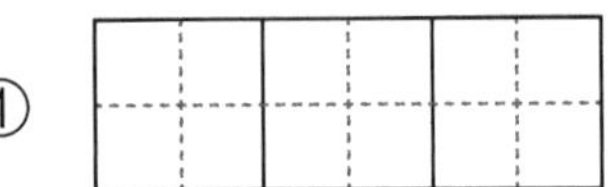

②

③
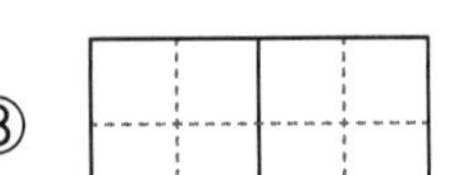

④

⑤
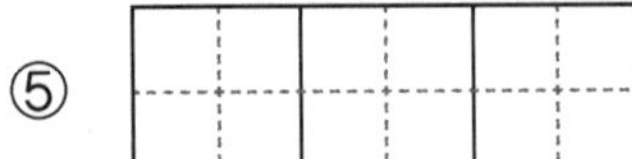

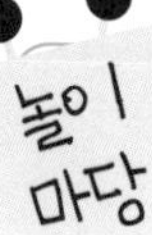

주사위를 던져 <수련을 시작하지> 게임을 하며 미션을 수행해 봅시다.

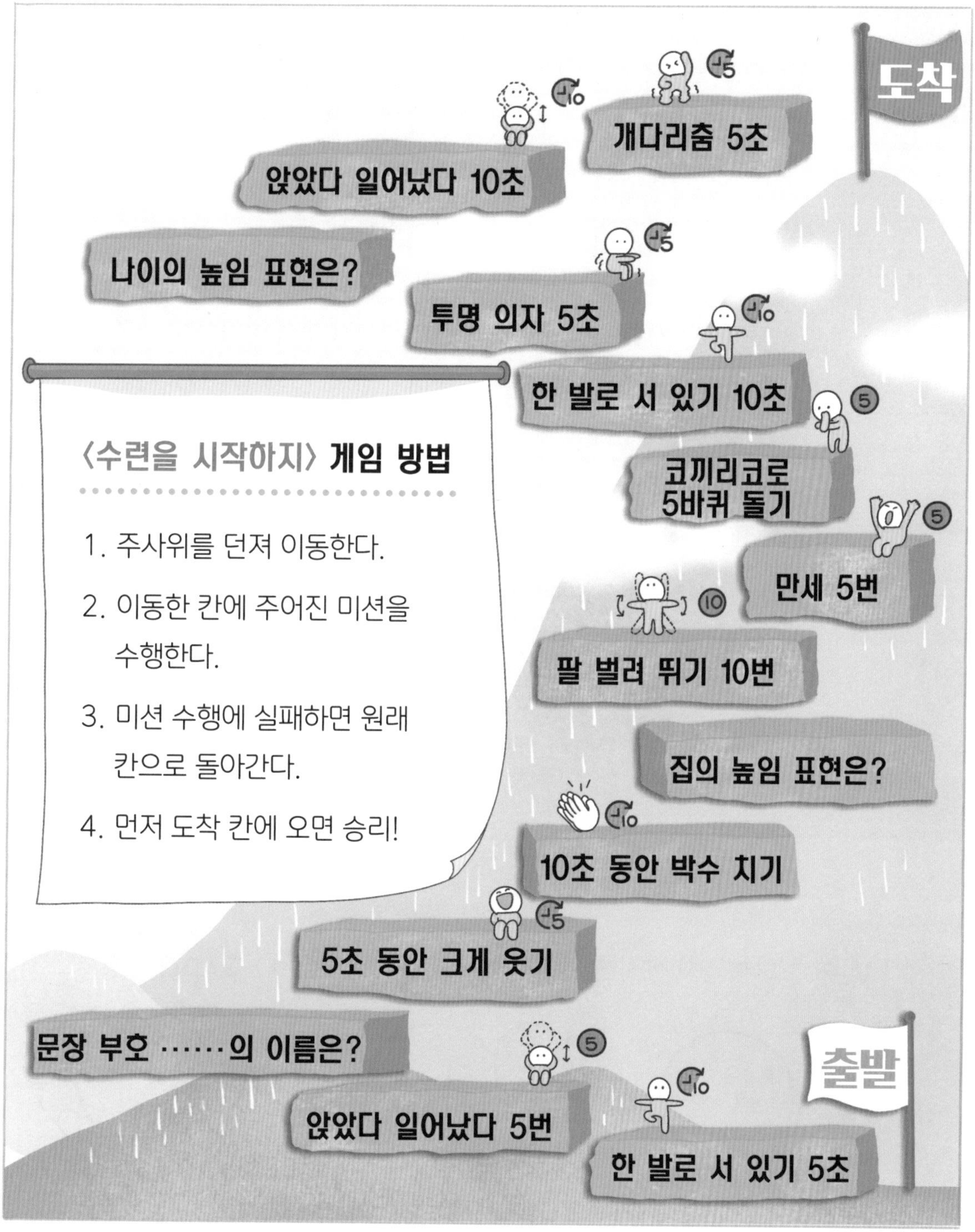

도착

개다리춤 5초

앉았다 일어났다 10초

나이의 높임 표현은?

투명 의자 5초

한 발로 서 있기 10초

코끼리코로 5바퀴 돌기

만세 5번

팔 벌려 뛰기 10번

집의 높임 표현은?

10초 동안 박수 치기

5초 동안 크게 웃기

문장 부호 ……의 이름은?

앉았다 일어났다 5번

한 발로 서 있기 5초

출발

<수련을 시작하지> 게임 방법

1. 주사위를 던져 이동한다.
2. 이동한 칸에 주어진 미션을 수행한다.
3. 미션 수행에 실패하면 원래 칸으로 돌아간다.
4. 먼저 도착 칸에 오면 승리!

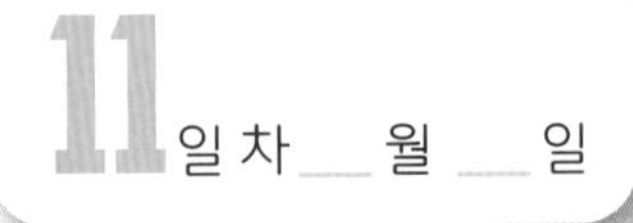

오늘의 이야기

할아버지 최고!

#가족 사랑 #영웅 #용기

나는 저녁 준비를 하는 할아버지의 달그락거리는 소리에 잠이 깼다. 고소하고 짭짤한 냄새가 나를 침대에서 벌떡 일으켰다.

"흠흠, 맛있겠다."

우리 할아버지는 초능력도 무기도 멋진 옷도 없다. 하지만 내가 가장 좋아하는 양념치킨을 기가 막히게 잘하신다.

"선우야, 저녁 묵자. 니 좋아하는 치킨 했다."

달보드레한 치킨 위에 땅콩을 으깬 가루까지 뿌려져 있었다.

나는 알밤을 잔뜩 물고 있는 다람쥐처럼 양 볼이 빵빵해지도록 치킨을 입속에 넣었다.

"아이고, 이놈아, 천천히 묵어야. 체허것다. 물도 좀 마시고, 옳체, 옳체."

"와, 할아버지. 이거 치킨집에서 파는 거보다 훨씬 더 맛있어요. 최고예요."

나는 할아버지에게 양념 묻은 엄지손가락을 치켜올렸다.

"그러냐. 맛나게 묵으니 나도 좋다. 많이 묵고 쑥쑥 커라."

동화 『우리 반에 슈퍼히어로가 있다』 | 글 고수산나 그림 유준재

읽기 | 싹싹 '오늘의 이야기'를 읽고 문어가 든 메달 안에 ○ 하세요.

눈으로 읽기

따라 읽기

혼자 읽기

내용 쏙쏙 읽은 내용을 떠올리며 문제를 해결해 봅시다.

1 선우네 집 저녁을 준비한 사람은 누구인가요? ( )

① 할아버지 ② 할머니 ③ 엄마

'달보드레하다'는 달달하면서 부드럽다는 뜻의 순우리말이에요!

2 선우네 집의 오늘 저녁 메뉴는 무엇인가요? ( )

① 짭조름한 피자 ② 달보드레한 양념치킨

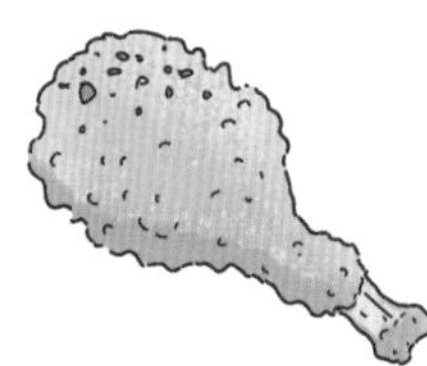

3 선우가 할아버지를 좋아하는 이유는 무엇인가요? ( )

① 멋진 옷과 무기를 만들 수 있으시기 때문에

② 내가 좋아하는 양념치킨을 잘 만들어 주시기 때문에

낱말 쏙쏙

낱말을 따라 쓰고 또박또박 읽어 봅시다.

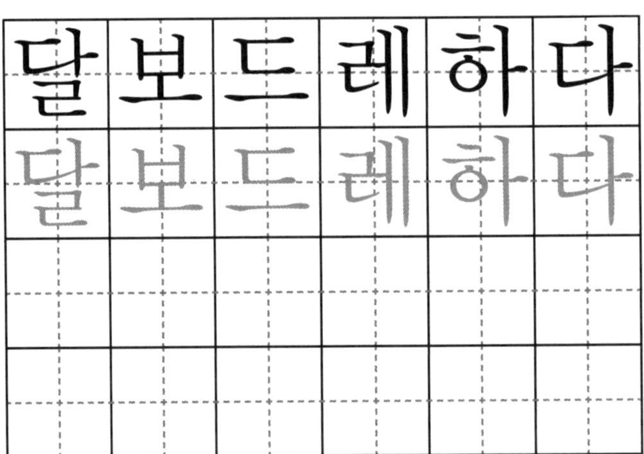

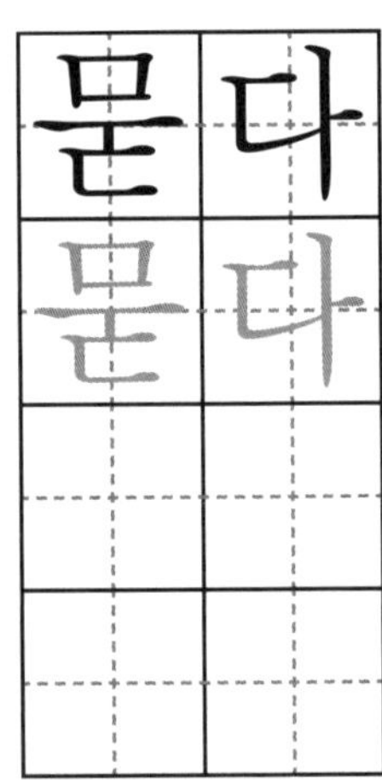

얼룩이나 흔적이 남는 것도 '묻다'라고 해요!
'묻다'처럼 두 가지 이상의 뜻을 가진 단어를 '다의어'라고 해요!

뜻을 생각하며 '묻다'를 넣어 짧은 문장을 지어 봅시다.

파란색 물감이 내 흰옷에 묻었다.

생활 쏙쏙 '묻다'의 3가지 의미를 생각하며 만화를 읽어 봅시다.

의미 1: 얼룩이 묻다(흔적이 남다).

의미 2: 모르는 것을 묻다(질문하다).

의미 3: 흙이나 다른 물건 속에 보이지 않게 묻다(덮다).

12일차 ___월 ___일

오늘의 이야기

운명의 제비뽑기

#존중 #긍정 #약속 #우정

김은우가 지수를 돌아보며 싱긋 웃었다.

지수의 볼록한 볼이 발그레하게 물들었다.

'어어, 이러면 안 되는데.'

나는 도끼눈을 만들어 김은우에게 레이저 빔을 쏘았다.

"이렇게 각양을 뽑은 사람과 각색을 뽑은 사람은 짝이 되는 거예요. 그러면 이제 제비뽑기를 시작합니다. 남자 어린이는 파란 바구니, 여자 어린이는 빨간 바구니에서 제비를 뽑아 주세요."

복음이가 뒤에 서서 두 손을 모아 기도했다.

"하느님, 제발 정하나와 짝꿍이 되게 해 주세요. 짝꿍이 어려우면 같은 모둠이라도 되게 해 주세요."

복음이는 어려운 일이 있을 때마다 하느님한테 기도한다.

"보배야, 넌 누구하고 짝하고 싶어?"

기도를 끝낸 복음이가 나한테 물었다.

"몰라."

나는 시치미를 뚝 뗐다. 지수라고 말하면 왠지 지수와 짝이 안 될 것 같았다.

동화 『우정 계약서』 | 글 원유순 그림 주미

읽기 쏙쏙 '오늘의 이야기'를 읽고 문어가 든 메달 안에 ○ 하세요.

눈으로 읽기

따라 읽기

혼자 읽기

내용 쏙쏙 읽은 내용을 떠올리며 문제를 해결해 봅시다.

화가 나거나 미워서 째려보는 눈을 '도끼눈'이라 표현해요!

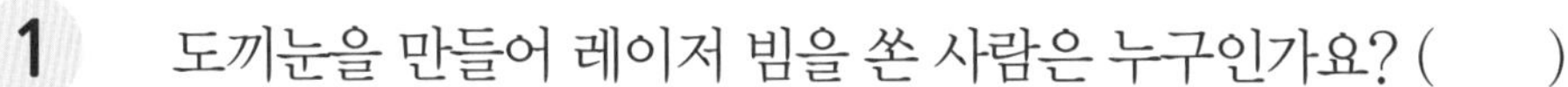

1 도끼눈을 만들어 레이저 빔을 쏜 사람은 누구인가요? (　　)

① 은우　　② 보배　　③ 지수

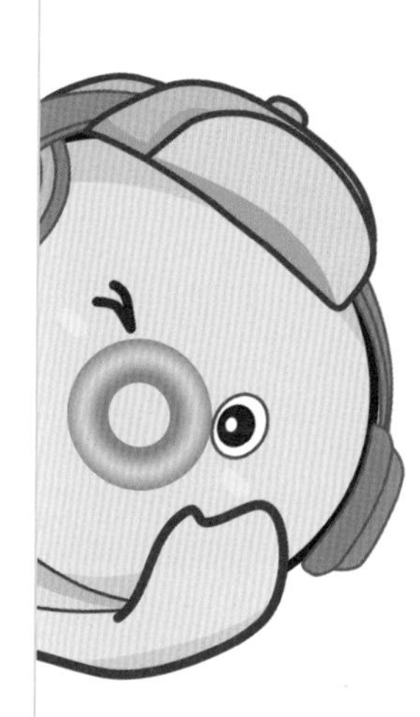

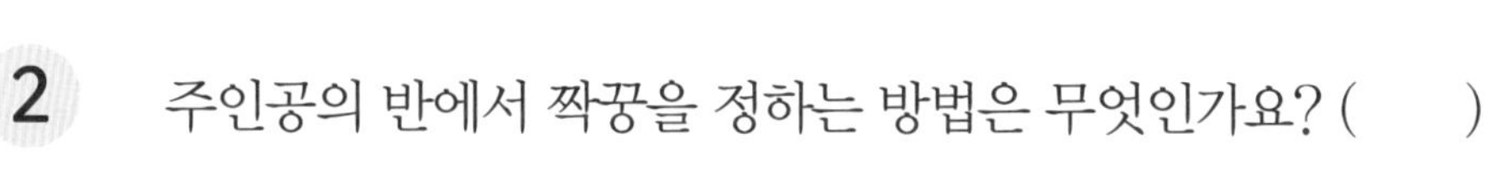

2 주인공의 반에서 짝꿍을 정하는 방법은 무엇인가요? (　　)

① 제비뽑기　　② 가위바위보　　③ 사다리 타기

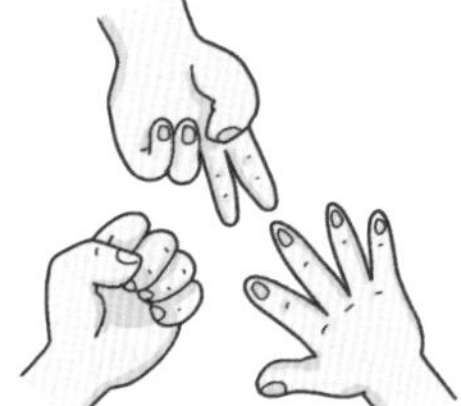

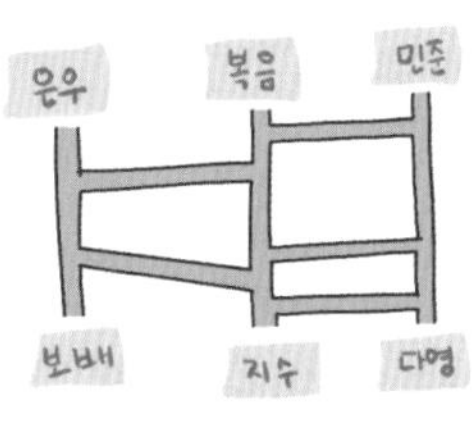

3 주인공이 복음이의 물음에 시치미를 뚝 뗀 까닭은 무엇인가요? (　　)

① 복음이가 하나와 짝꿍이 되기를 바라지 않았기 때문에

② 같은 반의 은우가 지수를 좋아하기 때문에

③ 지수라고 말하면 왠지 짝이 안 될 것 같았기 때문에

낱말 쏙쏙 낱말을 따라 쓰고 또박또박 읽어 봅시다.

도	끼	눈
도	끼	눈

시	치	미		떼	다
시	치	미		떼	다

알고도 모른 체하거나 한 일을 하지 않은 체하는 태도를 '시치미(를) 떼다'라고 표현해요!

뜻을 생각하며 '시치미 떼다'를 넣어 짧은 문장을 지어 봅시다.

내가 분명히 들었는데, 형은 시치미를 뗐다.

생활 쏙쏙 사다리 타기로 다양한 사자성어를 완성해 [ ] 안에 쓰고, 각각의 뜻을 알아봅시다.

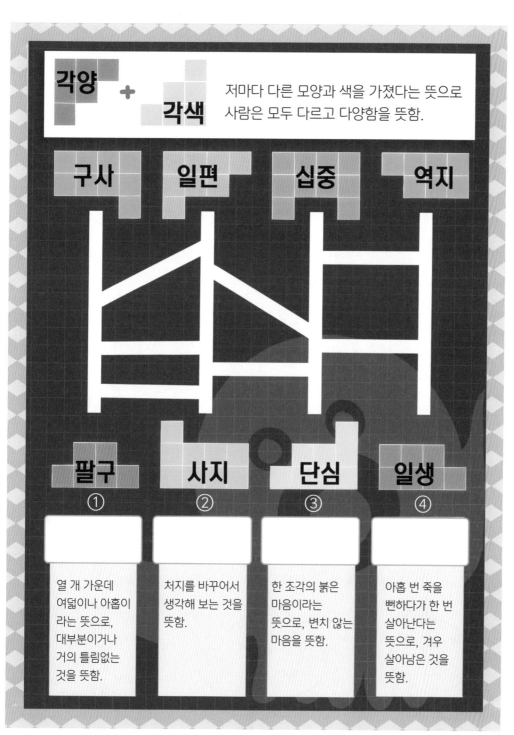

각양 + 각색 : 저마다 다른 모양과 색을 가졌다는 뜻으로 사람은 모두 다르고 다양함을 뜻함.

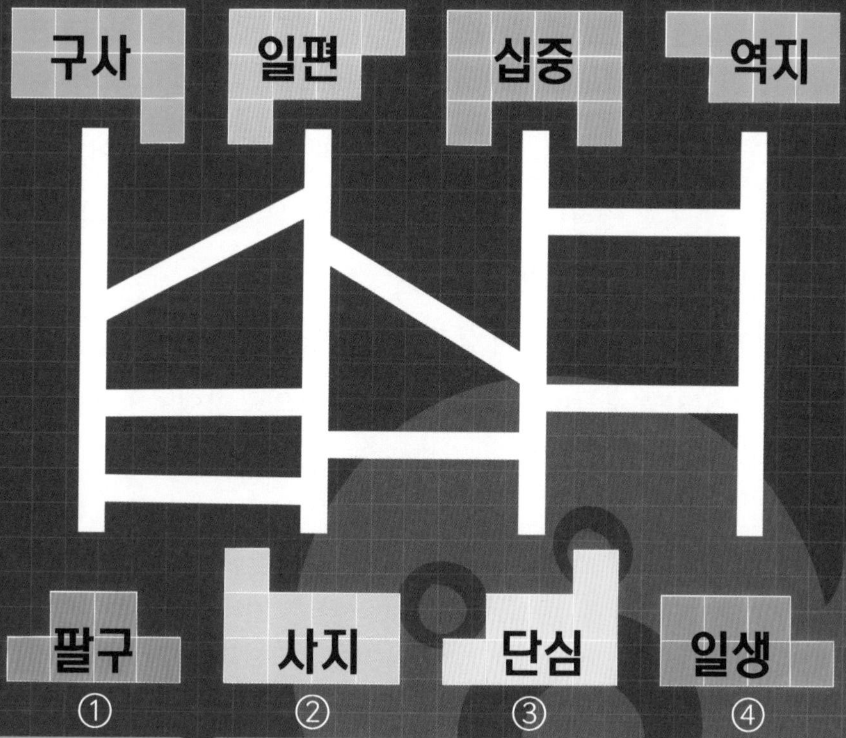

구사 일편 십중 역지

팔구 사지 단심 일생

①
[ ]
열 개 가운데 여덟이나 아홉이라는 뜻으로, 대부분이거나 거의 틀림없는 것을 뜻함.

②
[ ]
처지를 바꾸어서 생각해 보는 것을 뜻함.

③
[ ]
한 조각의 붉은 마음이라는 뜻으로, 변치 않는 마음을 뜻함.

④
[ ]
아홉 번 죽을 뻔하다가 한 번 살아난다는 뜻으로, 겨우 살아남은 것을 뜻함.

13 일차 ___ 월 ___ 일

오늘의 이야기

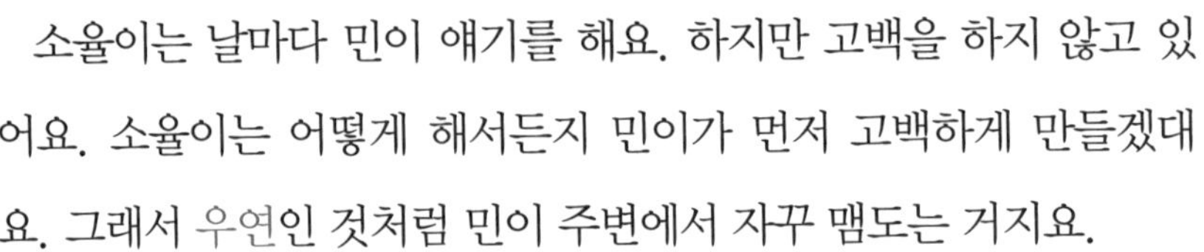

사랑의 삼각관계

#소통 #솔직함 #우정

소율이는 날마다 민이 얘기를 해요. 하지만 고백을 하지 않고 있어요. 소율이는 어떻게 해서든지 민이가 먼저 고백하게 만들겠대요. 그래서 우연인 것처럼 민이 주변에서 자꾸 맴도는 거지요.

"민이가 뭐가 멋져? 걔, 코흘리개 때 얼마나 맹꽁이 같았는데."

다영이는 일부러 자기 마음을 숨기려고 더 민이에 대해 함부로 말했어요. 그러면서도 자기 마음을 들킬까 봐 조마조마했지요.

정말로 소율이와 민이가 사귀게 되면 어쩌나 걱정도 되었어요. 다영이는 소율이와 친하니까 같이 자주 어울릴 텐데, 민이 얼굴을 아무렇지 않게 볼 자신이 없었거든요.

"어휴, 어쩌다가 내가 사랑의 삼각관계에 빠져서는……."

다영이는 고개를 흔들며 한숨을 내쉬고는 집으로 향했어요. 민이 앞에서는 속마음 마이크를 조심해야겠다고 다짐하면서요.

동화 『속마음 마이크』 | 글 이미현 그림 김미연

읽기 쏙쏙 '오늘의 이야기'를 읽고 문어가 든 메달 안에 ○ 하세요.

눈으로 읽기 → 따라 읽기 → 혼자 읽기

내용 쏙쏙 읽은 내용을 떠올리며 문제를 해결해 봅시다.

일부러 하지 않았음에도 일어난 일, 생각하지도 못했는데 일어난 일을 '우연'이라고 표현해요!

1 소율이가 우연인 것처럼 민이 주변을 자꾸 맴도는 이유는 무엇인가요? (　　)

① 민이에게 빌린 물건을 돌려주기 위해서
② 민이가 먼저 고백하게 만들기 위해서

2 다영이가 민이에 대해 함부로 말한 까닭은 무엇인가요? (　　)

① 민이에 대한 마음을 숨기려고
② 민이와 다투었기 때문에

3 삼각관계에 빠진 세 인물을 찾아 써 보세요.

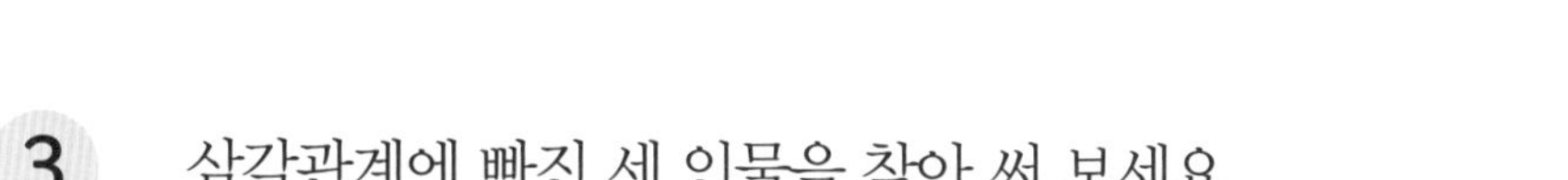

좋아하는 마음

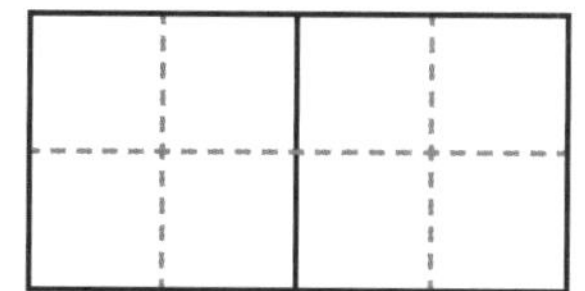

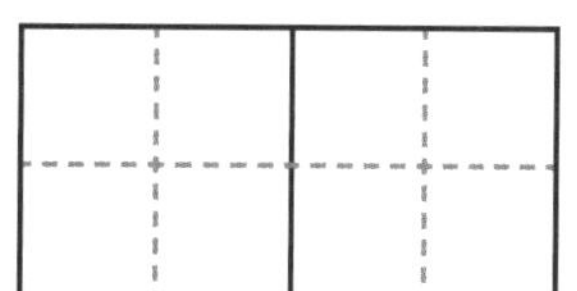

낱말 쏙쏙

낱말을 따라 쓰고 또박또박 읽어 봅시다.

우	연
우	연

'조마조마하다'는 닥쳐올 일에 걱정이 되어 마음이 불안하고 떨릴 때 쓰는 말이에요!

뜻을 생각하며 '조마조마하다'를 넣어 짧은 문장을 지어 봅시다.

나는 자기소개를 하기 전에 마음이 조마조마했다.

생활 쏙쏙 '강한 부정은 강한 긍정'이란 말의 뜻을 생각하며 만화를 읽어 봅시다. 말하는 사람의 진짜 속마음이 들리는 마이크가 있다면, 다영이의 말이 어떻게 들렸을지 상상하여 써 봅시다.

누나, 혹시
빵 먹었어?
아니야,
안 먹었는데?
나 빵 같은 거
절대 안 먹었다고!
동생이 오기 전에
얼른 혼자 다 먹어야지.
텅~
음……
강한 부정은 강한 긍정이지.

TIP! 강한 부정은 강한 긍정

자신의 속마음이나 어떤 사건을 숨기기 위해 지나치게 아니라고 강조해 표현하는 것을 뜻해요.

민이가 뭐가 멋져?
걔, 코흘리개 때 얼마나 맹꽁이 같았는데.

〈진짜 속마음〉

....

....

음원 재생 찰칵!

14일 차 ___ 월 ___ 일

엄마 손이 점점 커져요

#자기 주도성
#가족 사랑
#자존감

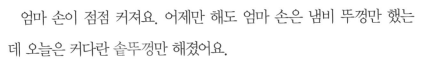

엄마 손이 점점 커져요. 어제만 해도 엄마 손은 냄비 뚜껑만 했는데 오늘은 커다란 솥뚜껑만 해졌어요.

"어머머, 왜 자꾸 손이 커지지?"

엄마는 솥뚜껑만 한 손을 내려다보며 고개를 갸웃했어요.

"엄마, 자꾸 손을 써서 그런 거 아닐까요? 아무것도 하지 말고 가만히 있어 보세요."

내 말에 엄마는 살그머니 눈을 흘겼어요.

"엄마가 아무것도 안 하면 밥은 누가 하고, 청소는 누가 하고, 네 공부는 누가 봐주지?"

엄마의 말에 나는 잠깐 동안 말문이 막혔어요. 맞아요. 엄마가 아무것도 하지 않으면 우리 집은 큰일 날 거예요. 밥도 못 먹고, 청소를 하지 않아 집 안도 엉망진창이 될 거예요. 으악, 그건 정말 싫어요. 나는 가만히 생각하다가 다시 말했어요.

"엄마, 내 공부는 봐주지 않아도 돼요. 공부는 내가 스스로 알아서 할 거니까요."

동화 『커지는 병』 | 글 원유순 그림 유수정

읽기 쏙쏙 '오늘의 이야기'를 읽고 문어가 든 메달 안에 ○ 하세요.

눈으로 읽기

따라 읽기

혼자 읽기

내용 쏙쏙 읽은 내용을 떠올리며 문제를 해결해 봅시다.

1 ㉠과 ㉡에 들어갈 말로 알맞은 것은 무엇일까요? (　　)

어제만 해도 엄마 손은 (㉠)만 했는데 오늘은 커다란 (㉡)만 해졌어요.

① ㉠ 솥뚜껑　　㉡ 냄비 뚜껑
② ㉠ 냄비 뚜껑　㉡ 솥뚜껑

솥뚜껑은 밥을 짓거나 국 같은 음식을 끓일 때 쓰이는 솥을 덮는 뚜껑을 말해요!

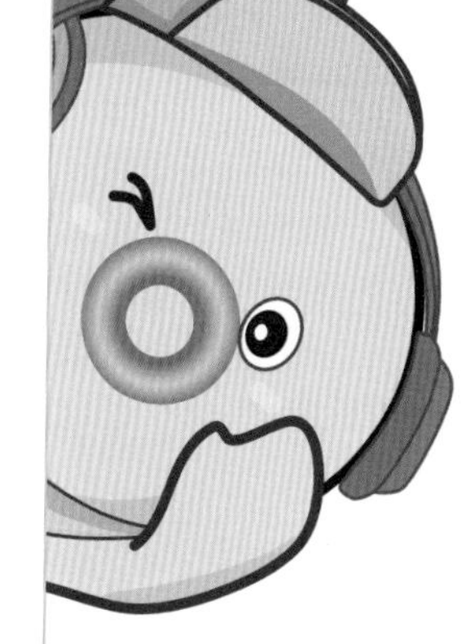

2 평소 엄마가 하지 않는 것은 무엇일까요? (　　)

① 밥하기　② 청소하기　③ 공부하기

3 주인공은 엄마 손이 왜 커진다고 생각했나요? (　　)

① 엄마가 자꾸 손을 써서
② 엄마가 아무것도 하지 않아서

낱말을 따라 쓰고 또박또박 읽어 봅시다.

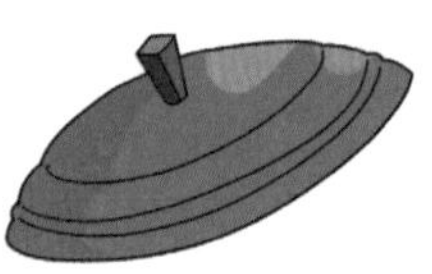

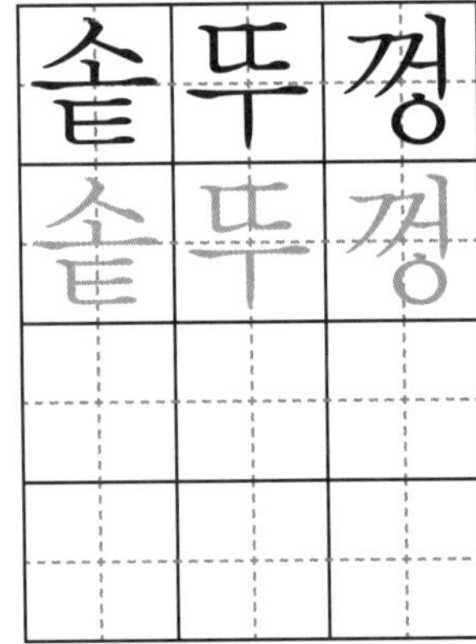

솥	뚜	껑
솥	뚜	껑

말	문	이		막	히	다
말	문	이		막	히	다

'말문이 막히다'는 할 말이 없거나 어떤 상황 때문에 너무 놀라 말이 입 밖으로 나오지 않는 상황을 나타내는 말이에요!

뜻을 생각하며 '말문이 막히다'를 넣어 짧은 문장을 지어 봅시다.

친구에게 속마음을 들켜 버리는 바람에 말문이 막혔다.

생활 쏙쏙

<보기>와 같이 두 낱말을 합쳐 만든 새로운 낱말을 [   ] 안에 써 봅시다.

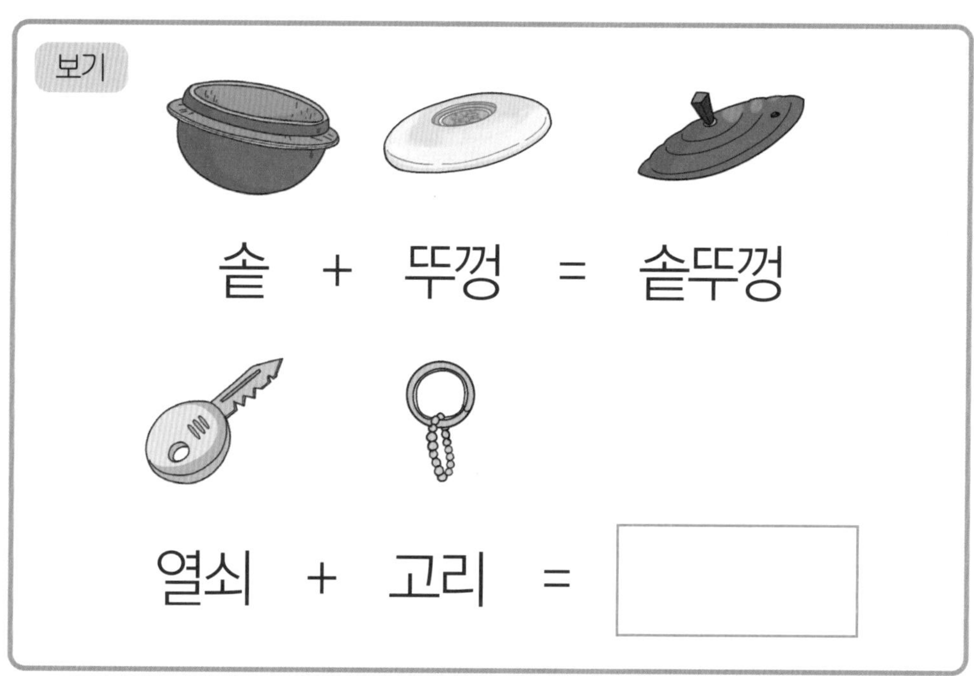

두 낱말이 합쳐진 새로운 낱말을 생각하며 먼저 (   )에 어울리는 낱말을 쓰고, [   ] 를 완성해 봅시다.

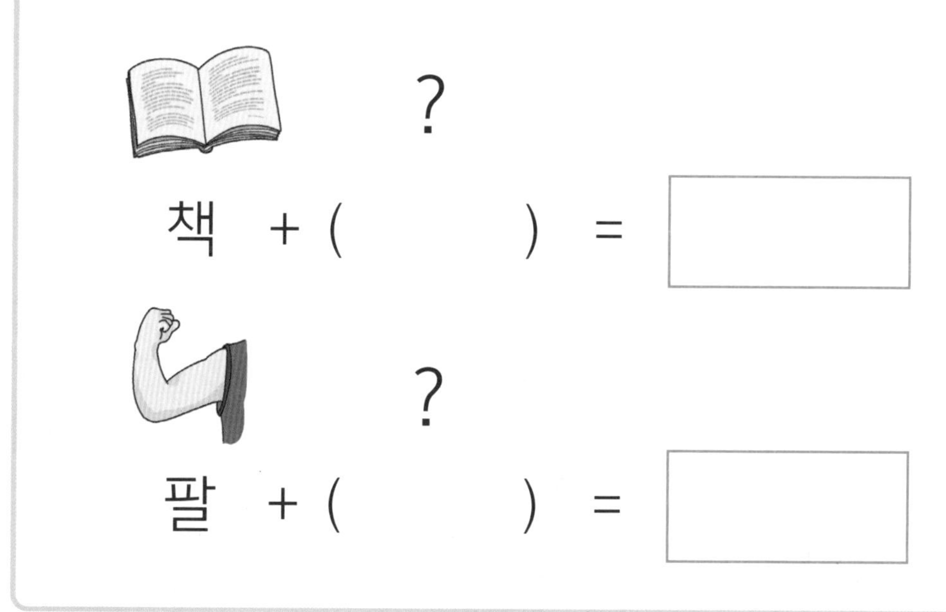

오늘의 이야기

선물해 주고 싶은 꿈

#꿈 #이해심 #희망

엄마와 밥을 먹는데 갑자기 도하 생각이 났다. 혼자 편의점에서 라면을 먹던 도하. 그와 동시에 엄마 전화를 받았을 때의 그 환한 미소와 마지막으로 봤던 도하의 부러움 담긴 눈빛이 자꾸만 머릿속에 맴돌았다.

그날 밤, 이루는 도하의 표정과 말을 계속해서 곱씹으며 선물해 주고 싶은 꿈을 만들기 시작했다.

학교가 끝나고 집으로 돌아간 도하가 벨을 누르자 엄마가 문을 열며 반갑게 맞아 주었다.

"우리 아들 왔구나!"

집으로 들어가자 온통 음식 냄새로 가득했다.

"엄마가 오랜만에 솜씨 좀 부렸지."

도하는 식탁 가득 차려진 음식을 엄마와 함께 맛있게 먹었다. 밤이 되자 도하가 침대에 누웠다. 엄마가 그림책 하나를 들고 와 도하 옆에 누웠다. 그러고는 다정한 목소리로 도하에게 그림책을 읽어 주었다.

"엄마가 이렇게 옆에 있으니까 너무 좋아."

동화 『꿈 요원 이루』 | 글 김경미 그림 김주경

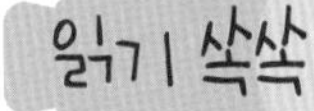

'오늘의 이야기'를 읽고 문어가 든 메달 안에 ○ 하세요.

눈으로 읽기

따라 읽기

혼자 읽기

내용 쏙쏙 읽은 내용을 떠올리며 문제를 해결해 봅시다.

1 도하가 환한 미소를 지은 까닭은 무엇인가요? (   )

① 편의점에서 라면을 먹는 것이 좋았기 때문에

② 엄마의 전화를 받고 반가웠기 때문에

③ 행복한 꿈을 꾸었기 때문에

표정이 밝거나 어떤 곳에 빛이 들어 또렷하게 밝은 것을 '환하다'라고 표현해요!

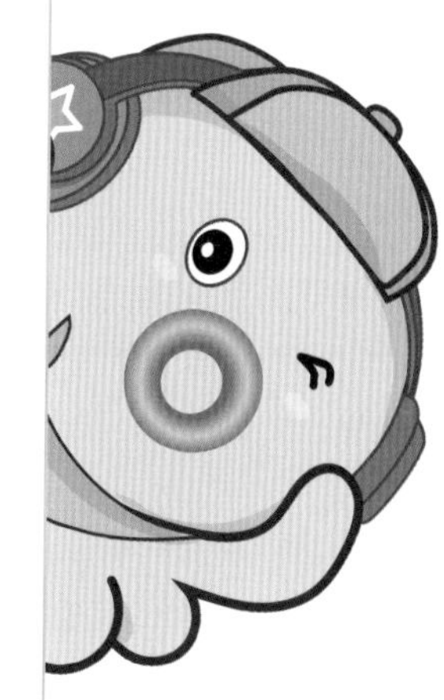

2 도하를 위한 꿈을 만든 사람은 누구인가요? (   )

① 이루 ② 도하 ③ 도하의 엄마

3 이루가 만든 꿈의 내용과 다른 것은 무엇인가요? (   )

① 도하가 벨을 누르자 엄마가 도하를 맞아 주었다.

② 도하는 엄마와 함께 음식을 맛있게 먹었다.

③ 도하는 엄마에게 그림책을 읽어 주었다.

낱말을 따라 쓰고 또박또박 읽어 봅시다.

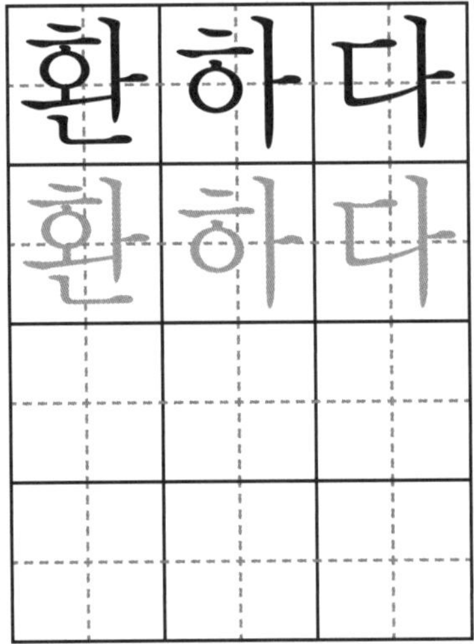

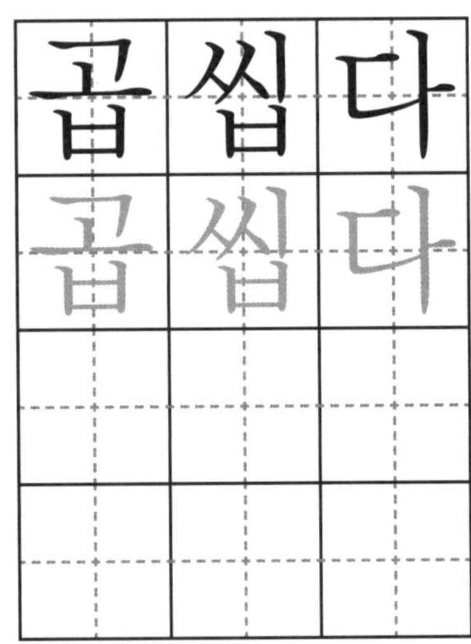

어떤 말이나 생각을 계속해서 곰곰이 떠올리는 것을 '곱씹다'라고 표현해요!

뜻을 생각하며 '곱씹다'를 넣어 짧은 문장을 지어 봅시다.

나는 화가 난 채 언니가 한 말을 곱씹었다.

생활 쏙쏙 이루처럼 누군가에게 꿈을 선물해 줄 수 있는 능력이 생긴다면, 여러분은 누구에게 어떤 꿈을 선물해 주고 싶나요? 선물해 주고 싶은 꿈을 글이나 그림으로 표현해 봅시다.

꿈을 선물해 주고
싶은 사람 :

선물할 꿈 :

세 번째 복습 마당

시작한 낱말의 첫 글자가 끝 글자로 바뀌는 낱말을 생각해 내는 놀이입니다. 첫 글자와 끝 글자에 집중하며 말잇기 놀이를 해 봅시다.

예 표지판 기차표 비행기 나비

1 면도기 ___면 ___ ___

2 장독대 ___장 ___ ___

들려주는 낱말을 잘 듣고 빈칸에 써 봅시다.

① 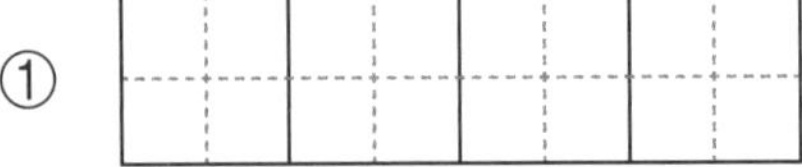

②  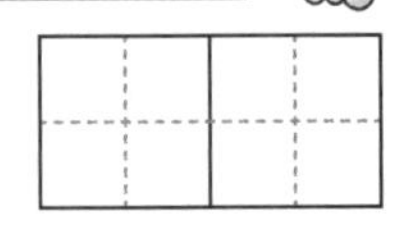

③ 

④ 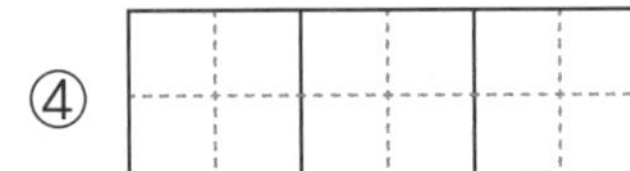 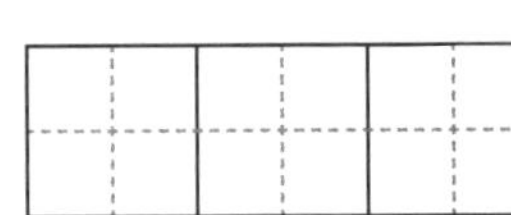

⑤ 

놀이 마당 미션을 해결하거나 낱말 문제를 풀며 땅따먹기 놀이를 해 봅시다.

놀이 방법

1. 지우개를 '발사' 위치에 놓고 손가락을 살짝 튕겨서 지우개가 옮겨 간 칸의 문제를 읽고, □에 알맞은 낱말을 말해 봅시다.
2. 정답을 맞히거나 미션을 해결한 사람의 색연필로 칸을 칠합니다.
3. 정답을 맞히지 못하거나 '꽝'에 들어가면 상대에게 차례가 넘어갑니다.

꽝	[문제] 엄마 손은 냄비 뚜껑만 했는데 오늘은 커다란 □□□만 해졌어요. [힌트] 밥을 짓거나 음식을 끓이는 솥을 덮을 때 쓰이는 뚜껑	[미션] "나는 소중해!" 3번 외치기	[문제] 나는 □□□을 만들어 김은우에게 레이저 빔을 쏘았다. [힌트] 화가 나거나 미워서 째려보는 눈
[미션] 팔 벌려 뛰기 5회	[문제] 그래서 □□인 것처럼 민이 주변에서 자꾸 맴도는 거지요. [힌트] 생각하지도 못했는데 일어난 일	[문제] 엄마의 말에 나는 잠깐 동안 □□이 □□어요. [힌트] 할 말이 없거나 너무 놀라 입이 열리지 않는 것	[문제] □□ 미소와 부러움이 담긴 눈빛이 자꾸만 머릿속에 맴돌았다. [힌트] 표정이 밝거나 어떤 곳에 빛이 들어 밝은 것
[문제] 나는 □□□를 뚝 뗐다. [힌트] 알고도 모른 체하거나 한 일을 하지 않았다고 하는 것	[문제] 나는 할아버지에게 양념 □□ 엄지손가락을 치켜올렸다. [힌트] 얼룩이나 흔적이 남는 것	[문제] 이루는 도하의 표정과 말을 계속 □□□□ 선물해 주고 싶은 꿈을 만들기 시작했다. [힌트] 어떤 말이나 생각을 계속해서 떠올리는 것	[미션] 상대와 가위바위보 이긴 사람이 지우개 튕기기
[미션] 상대의 좋은 점 칭찬하기	꽝이에요!	[문제] □□□□한 치킨 위에 땅콩을 으깬 가루까지 뿌려져 있었다. [힌트] 달달하면서 부드럽다는 순우리말	[문제] 자기 마음을 들킬까 봐 □□□□했지요. [힌트] 걱정이 되어 마음이 불안하고 떨리는 것

발사

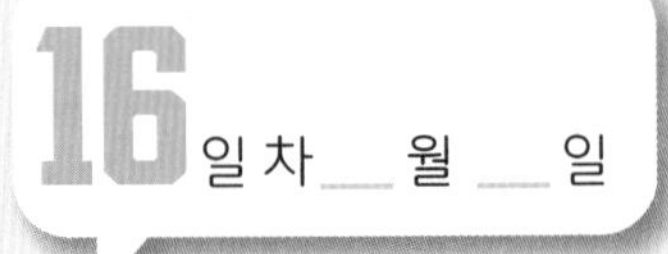

오늘의 이야기

자신만의 빛

#관계 #자존감 #우정

쉬는 시간, 샛별이는 따로 챙겨 간 선물을 루비에게 슬며시 건넸다.

"이게 뭐야?"

루비가 선물 포장을 풀었다. 샛별이가 준비한 선물은 반딧불이 불빛이 가득한 스노우볼이었다. 반딧불이 축제에 갔을 때 기념품으로 구입했던 것이다. 루비한테 돌고래 펜 이야기를 들었을 때, 샛별이는 이 스노우볼을 꼭 선물하고 싶었다.

"반딧불이는 돌고래처럼 행운을 주지는 않아. 그렇지만 반딧불이는 몸 안에 빛이 있어서 비가 오고 바람이 불어도 꺼지지 않고 빛을 낼 수 있대. 말 그대로 자체 발광이지! 너도 반딧불이처럼 네 안에서 빛을 발견하면 좋겠어. 넌 보석처럼 빛나는 이루비니까."

샛별이 말에 루비가 환하게 웃었다.

"그러면 오샛별, 너야말로 자체 발광이잖아. 자체 발광 오샛별, 정말 고마워!"

둘은 손을 꼭 잡았다. 두 사람 곁에서 반짝반짝 빛이 났다.

동화 『자체 발광 오샛별』 | 글 정희용 그림 정은선

읽기 쏙쏙 '오늘의 이야기'를 읽고 문어가 든 메달 안에 ○ 하세요.

눈으로 읽기

따라 읽기

혼자 읽기

내용 쏙쏙 읽은 내용을 떠올리며 문제를 해결해 봅시다.

1 샛별이가 루비에게 준 선물은 무엇인가요? (　　)

① 반딧불이 스노우볼

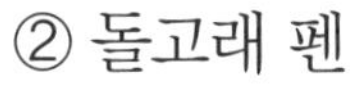
② 돌고래 펜

'자체 발광'은 스스로 빛을 내는 것을 의미해요!
뛰어난 재주와 멋진 능력, 외모를 갖춘 사람을 칭찬하기 위한 말로도 쓰인답니다.

2 비가 오고 바람이 불어도 반딧불이가 꺼지지 않고 빛을 낼 수 있는 이유는 무엇인가요? (　　)

① 여러 반딧불이가 협동하여 꺼지지 않고 빛을 낼 수 있다.
② 몸 안에 빛이 있어서 스스로 빛나기 때문에 꺼지지 않고 빛을 낼 수 있다.

3 우리 반 친구 가운데 '자체 발광'을 하는 것처럼 멋진 친구를 찾아 이름과 이유를 적어 보세요.

이름	
칭찬하고 싶은 이유	

낱말 쏙쏙

낱말을 따라 쓰고 또박또박 읽어 봅시다.

자체 발광

자체 발광

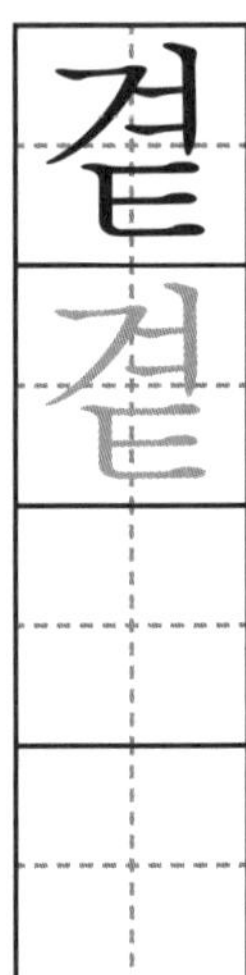

곁

곁

어떤 대상의 가까운 옆을 '곁'이라고 표현해요!

뜻을 생각하며 '곁'을 넣어 짧은 문장을 지어 봅시다.

내 곁엔 항상 사랑하는 가족이 함께 있다.

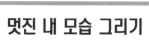

생활 쏙쏙 예시의 문장과 같이 사물에 빗대어 자신을 표현하는 문장을 쓰고 그림으로 표현해 봅시다.

나는 보석처럼 빛나는 이루비!

나는 백과사전처럼 똑똑한 문어!

나는

.... **처럼**

빛나는

....

멋진 내 모습 그리기

17 일차 ___ 월 ___ 일

오늘의 이야기

엄마 친구의 딸

#칭찬 #자존감 #정직

솔미는 엄마 친구의 딸이야. 나보다 한 살 어리지. 딱히 솔미를 싫어하는 건 아니야. 하지만 갑자기 툭 튀어나와 나를 놀라게 하는가 하면 어떡하든 따라붙으려는 통에 아주 귀찮아 죽을 맛이야.

내가 솔미를 처음 만난 건 1학년 때 엄마가 데려간 어떤 결혼식장에서였어. 그날 나는 솔미에게 친절하고 멋진 오빠가 되어 주었지. 솔미랑 놀아 주라는 엄마의 부탁이 있기도 했지만 내가 좀 심심했거든. 솔직히 말하면 솔미한테 듣는 '오빠'라는 말이 듣기 좋았어. 들을 때마다 좋아서 턱밑이 간질간질해지면서 실실 웃음이 나왔어.

그날 나는 솔미한테 가위바위보 비법을 가르쳐 주었고 팽이 돌리는 시범도 보여 주었어. 좀비 흉내로 웃겨 주기도 하고 말이야. 솔미는 하루 종일 나를 따라다녔어.

집에 갈 때가 되자 솔미가 큰 소리로 외쳤어.

"나 기훈이 오빠 좋아! 기훈이 오빠랑 결혼할 거야!"

동화 『솔미표 방패 스티커』 | 글 박현경 그림 김준영

읽기 쏙쏙 '오늘의 이야기'를 읽고 문어가 든 메달 안에 ○ 하세요.

눈으로 읽기

따라 읽기

혼자 읽기

내용 쏙쏙 읽은 내용을 떠올리며 문제를 해결해 봅시다.

'결혼식장'은 부부 관계를 맺는 서약을 하는 의식인 결혼식을 치를 수 있도록 필요한 물건이나 시설을 갖추어 놓은 장소를 뜻해요!

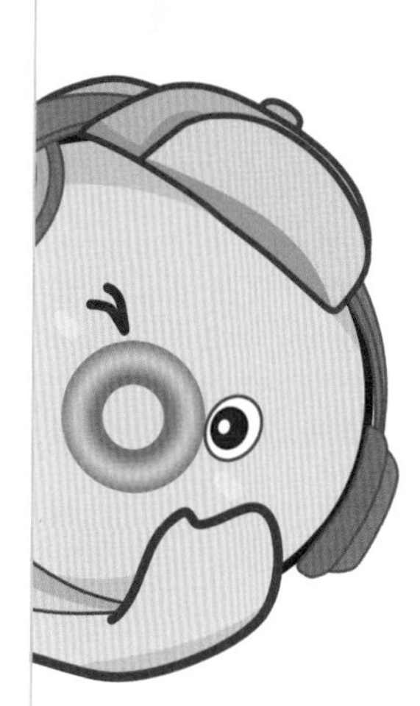

1 주인공과 솔미는 어떤 관계인가요? (   )

① 자신의 동생
② 엄마 친구의 딸
③ 같은 반의 친구

2 주인공이 솔미를 처음 만난 건 언제, 어디에서인가요? (   )

① 1학년 때 놀이터에서 ② 1학년 때 결혼식장에서
③ 2학년 때 놀이터에서 ④ 2학년 때 결혼식장에서

3 주인공이 솔미에게 한 행동이 아닌 것은 무엇인가요? (   )

① 가위바위보 비법 가르쳐 주기
② 팽이 돌리는 시범 보여 주기
③ 하루 종일 솔미를 따라다니기

낱말 쏙쏙

낱말을 따라 쓰고 또박또박 읽어 봅시다.

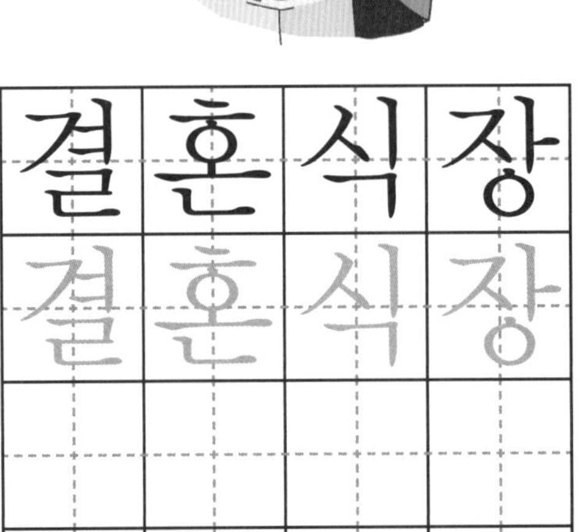

결	혼	식	장
결	혼	식	장

간	질	간	질
간	질	간	질

'간질간질'은 자꾸 간지러운 느낌이 들어 견디기 힘든 경우를 나타내는 표현이에요!

뜻을 생각하며 '간질간질'을 넣어 짧은 문장을 지어 봅시다.

먼지가 많은 곳에 가자 코가 간질간질했다.

생활 쏙쏙

다음 상황을 보고 문어가 듣고 싶어 할 말에 ○ 표시를 해 봅시다.

물을 엎질렀을 때

□ 물을 엎지르면 어떡하니?
좀 조심하라고 했지!

□ 저런, 물을 엎질렀구나. 걸레로
닦으면 되니 염려하지 말렴.

동생이 자꾸 귀찮게 따라다닐 때

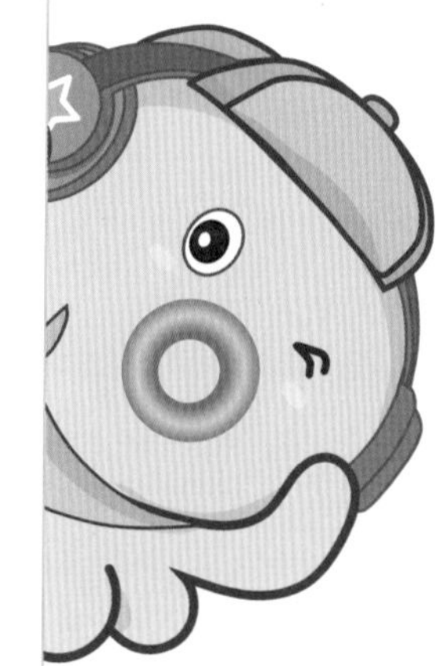

□ 형이면 형답게 동생을
잘 돌봐 주는 게 당연하지.

□ 동생 때문에 귀찮을 텐데 잘 참고
화내지 않는 모습이 기특하구나.

연필을 잃어버렸을 때

□ 넌 항상 덜렁거려서 문제야.
어떻게 매번 연필을 잃어버리는
거니? 또 그럴 거야?

□ 연필을 잃어버려서 속상하겠구나.
앞으로는 이름을 꼭 쓰도록 하자.
그러면 누군가 주웠을 때 찾아
줄 수 있을 테니까.

18 일차 ___ 월 ___ 일

오늘의 이야기

아빠, 걱정하지 마세요

#고운 말 #가족 #인내심

"우리 아정이가 아빠 건강을 위해서 함께 운동도 해 주고."

계단을 오르려는데 계단 수가 555개라고 적혀 있었어요. 나도 모르게 헉 소리가 나왔어요.

"5늘 5르면 5래 산다. 히히, 그럴싸하지?"

아빠가 계단 수로 말을 지어내며 계단을 올랐어요. 나는 아빠가 욕 유전자를 극복하고 행복하게 오래 살았으면 좋겠다는 생각을 했어요.

계단을 오를 때마다 소원을 빌었어요.

555개 계단은 만만치 않았어요. 중간도 못 올랐는데 숨이 차서 소원 비는 것을 자꾸만 잊어버렸어요.

"아정아, 헉헉. 조금만 힘내자!"

아빠가 내 손을 잡아 주었어요. 나는 그런 아빠를 보면서 마음속으로 외쳤어요.

'아빠, 걱정하지 마세요. 제가 아빠 욕 유전자를 꼭 없애 줄게요.'

계단을 오를 때보다 내려올 때가 더 힘들었어요. 다리가 후들거려서 금방이라도 넘어질 것 같았거든요. 그래도 소원을 비는 것을 멈추지 않았어요.

동화 『욕쟁이 아빠』 | 글 류미정 그림 이주희

읽기 | 쏙쏙 '오늘의 이야기'를 읽고 문어가 든 메달 안에 ○ 하세요.

눈으로 읽기

따라 읽기

혼자 읽기

내용 쏙쏙 읽은 내용을 떠올리며 문제를 해결해 봅시다.

1 아정이가 아빠를 위해 하지 않은 행동은 무엇인가요? (　　)

① 계단 오르고 내려오기
② 계단 오를 때마다 소원 빌기
③ 계단 수로 말 지어내기

어려운 일을 이겨 내거나 안 좋은 것을 없애고 나아가는 것을 '극복하다'라고 표현해요!

2 아정이는 아빠가 무엇을 극복하길 바라나요? (　　)

① 걱정 유전자
② 욕 유전자
③ 외모 유전자

3 아정이와 아빠에 대한 사실이 아닌 것은 무엇인가요? (　　)

① 아정이는 아빠의 욕 유전자가 없어지길 바란다.
② 아빠는 아정이가 숨이 찰 때 손을 잡아 주었다.
③ 아정이는 계단을 내려올 때 소원 빌기를 멈추었다.

낱말 쏙쏙

낱말을 따라 쓰고 또박또박 읽어 봅시다.

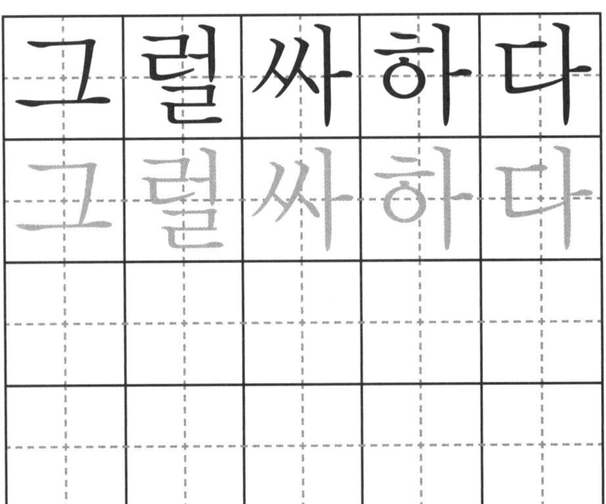

극복하다
극복하다

'그럴싸하다'는 제법 훌륭하거나 상대방이 그렇다고 여길 만한 것을 뜻해요!

뜻을 생각하며 '그럴싸하다'를 넣어 짧은 문장을 지어 봅시다.

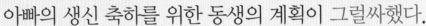

아빠의 생신 축하를 위한 동생의 계획이 그럴싸했다.

생활 쏙쏙 아정이 아빠처럼 숫자를 활용하여 말 지어내기 놀이를 해 봅시다.

문장의 의미가 통하도록 <보기>에서 알맞은 숫자를 골라 빈칸에 적어 보세요.

보기

2	4	5

1) 아빠 ___랑해요.

2) ___늘도 행복한 하루 보내세요.

3) 아자 아자, 파___팅!

아정이 아빠처럼 숫자를 활용하여 나만의 문장을 만들어 보세요.

5늘 5르면 5래 산다!

나만의 말 지어내기

오늘의 이야기

교장 선생님의 진심

#마음 치유 #자존감 #모험

시우는 옆에 누워 있는 교장 선생님을 봤다. 교장 선생님 표정이 아이처럼 신나 보였다.

"내가 무섭니?"

교장 선생님이 말을 꺼냈다. 시우와 한이는 당황스러웠다.

"네? 그게……."

"솔직하게 말해도 괜찮아. 아이들 표정 보면 다 알아. 정말 좋은 선생님이 되고 싶었는데."

교장 선생님이 한숨을 푹 쉬었다.

"내가 어렸을 때, 우리 반 선생님은 화를 버럭버럭 내는 선생님이었어. 나는 꼭 커서 그러지 말아야지 생각했는데 무섭다고 소문이 났다지 뭐야? 알잖아, 내가 아이들에게 좋아하는 것도 나눠 주고 노력하는 거. 히히."

"쌍화차와 홍삼 절편이요? 앞으로는 사탕을 주세요."

"그럼 이 썩잖아. 아이들을 아프게 할 수는 없지."

교장 선생님과는 영 말이 통하지 않았다. 하지만 그 마음만큼은 느낄 수 있었다.

동화 『비밀 교실 3』 | 글 소연 그림 유준재

읽기 쏙쏙 '오늘의 이야기'를 읽고 문어가 든 메달 안에 ○ 하세요.

눈으로 읽기 → 따라 읽기 → 혼자 읽기

내용 쏙쏙 읽은 내용을 떠올리며 문제를 해결해 봅시다.

1 교장 선생님은 어떤 선생님이 되고 싶었다고 했나요? (   )

① 무서운 선생님
② 정말 좋은 선생님
③ 화를 버럭버럭 내는 선생님

갑자기 화내며 냅다 소리 지르는 모양을 '버럭'이라 표현해요!

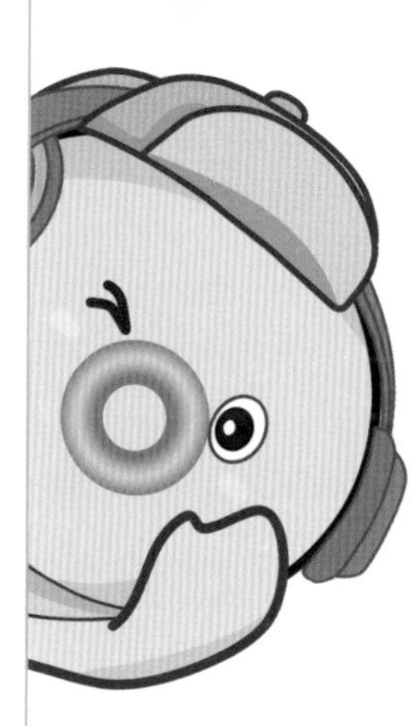

2 교장 선생님이 아이들에게 나누어 준 것은 무엇인가요? (   )

① 쌍화차와 홍삼 절편

② 매실차와 약과

③ 대추차와 인절미

3 교장 선생님이 아이들에게 사탕을 줄 수 없다고 하는 까닭은 무엇인가요? (   )

① 사탕의 가격이 너무 비싸기 때문에
② 사탕은 맛이 없어 아이들이 좋아하지 않기 때문에
③ 아이들의 이가 썩어 아플까 걱정되기 때문에

낱말 쏙쏙 낱말을 따라 쓰고 또박또박 읽어 봅시다.

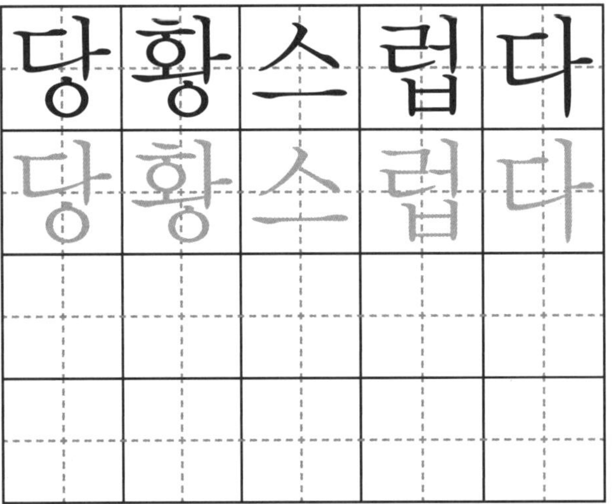

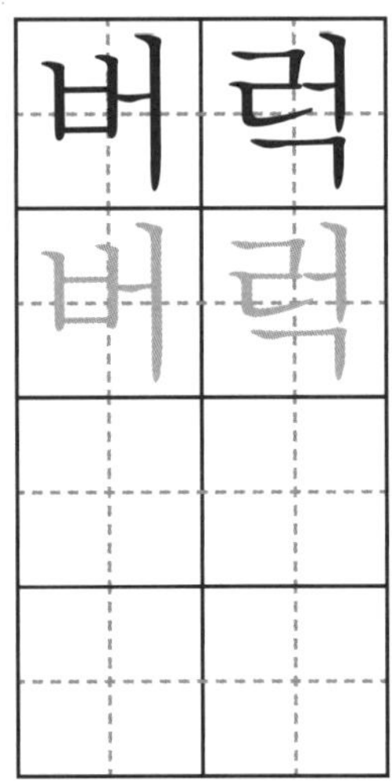

예상하지 못했던 상황이 생겨
놀라거나 어색한 감정이 들 때
'당황스럽다'라고 표현해요!

뜻을 생각하며 '당황스럽다'를 넣어 짧은 문장을 지어 봅시다.

갑자기 나더러 노래를 부르라 하니 당황스러웠다.

생활 쏙쏙

의태어에 대해 알아보고, 각각의 문장에 어울리는 낱말을 <보기>에서 골라 써 봅시다.

의태어란, 움직임이나 상태를 흉내 낸 말을 뜻해요.
소리를 흉내 낸 말인 의성어와는 달라요.
의태어를 사용하면 문장이 훨씬 실감 나게 느껴져요!

각각의 문장에 어울리는 의태어를 찾아 괄호 안에 적어 보세요.

보기

버럭　　그렁그렁　　후다닥　　히죽히죽

① 나는 그만 화를 (　　　　　) 내어 버렸다.

② 동생이 (　　　　　) 도망갔다.

③ 웃긴 이야기가 떠올라 (　　　　　) 웃음이 났다.

④ 결과가 아쉬워 내 눈에 눈물이 (　　　　　)했다.

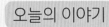

음원 재생 찰칵!

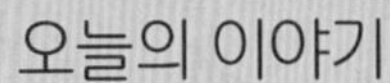

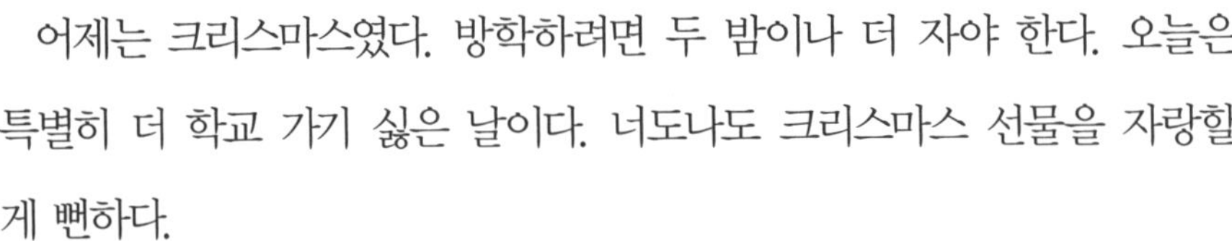

#마음 표현 #상상 #감동

어제는 크리스마스였다. 방학하려면 두 밤이나 더 자야 한다. 오늘은 특별히 더 학교 가기 싫은 날이다. 너도나도 크리스마스 선물을 자랑할 게 뻔하다.

"치, 산타가 어디 있다고……."

그나저나 오늘은 뭐 하고 놀지? 단짝 정수가 전학을 가 버려서 학교가 시시해졌다. 시간이 거북이처럼 느릿느릿 간다. 뭐 하고 놀지 미리 생각해 두지 않으면 진짜 재미없다. 집도 마찬가지다. 그래도 집에서는 아무 때나 벌렁 누울 수 있고 라면도 끓여 먹을 수 있다. 똥이 마려우면 쉬는 시간이 아니어도 맘대로 눌 수 있다. 그러니까 집이 쪼금 낫다.

아직 궁리가 끝나지 않았는데 벌써 교실까지 와 버렸다. 드르륵 교실 문을 열 때까지도, 담임 선생님이 들어올 때까지도, 좋은 생각은 떠오르지 않았다. 아이들은 예상대로 선물 얘기를 하느라 시끌시끌했다.

"2학년인데 아직도 산타를 믿어, 바보처럼?"

일부러 큰 소리로 말했지만 아무도 내 말엔 관심이 없었다. 나는 점점 기분이 나빠졌다.

동화 『진짜 수상한 구일호』 | 글 허윤 그림 심윤정

읽기 쏙쏙 '오늘의 이야기'를 읽고 문어가 든 메달 안에 ○ 하세요.

내용 쏙쏙 읽은 내용을 떠올리며 문제를 해결해 봅시다.

1 크리스마스는 며칠 전이었나요? (　　)

① 하루 전　　② 이틀 전　　③ 사흘 전

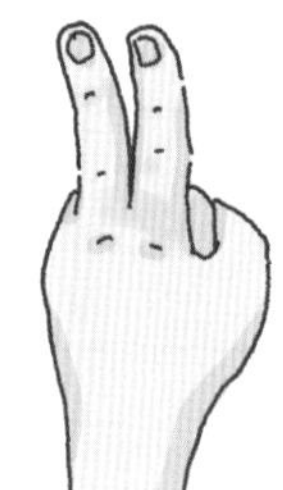
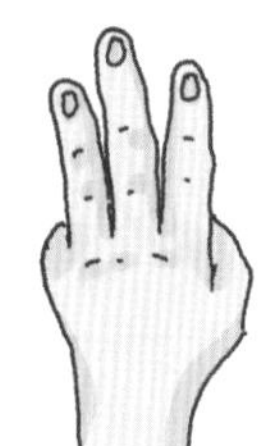

'시시하다'는 무언가 특별하거나 대단한 것이 없고 보잘것없다는 의미를 나타내는 말이에요!

2 주인공이 학교를 시시하다고 느끼게 된 가장 큰 이유는 무엇인가요? (　　)

① 더 놀고 싶어서
② 단짝 정수가 전학을 가 버려서
③ 너도나도 크리스마스 선물을 자랑할 게 뻔해서

3 집이 학교보다 더 나은 점으로 알맞지 않은 것은 무엇인가요? (　　)

① 아무 때나 벌렁 누울 수 있다.
② 라면도 끓여 먹을 수 있다.
③ 쉬는 시간에는 똥을 눌 수 있다.

낱말 쏙쏙

낱말을 따라 쓰고 또박또박 읽어 봅시다.

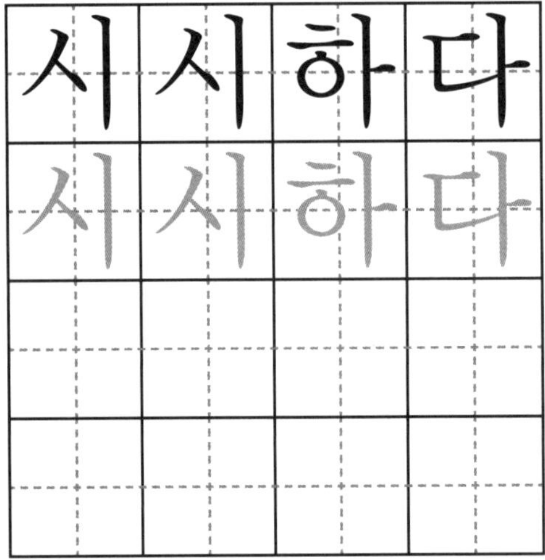

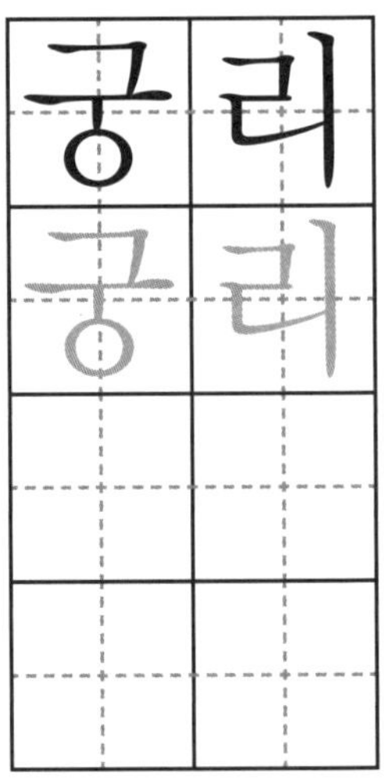

'궁리'는 어떤 일을 잘 하기 위하여 마음속으로 이리저리 따져 깊이 생각하는 것을 의미해요!

뜻을 생각하며 '궁리'를 넣어 짧은 문장을 지어 봅시다.

밀린 방학 숙제를 어떻게 해결해야 할지
궁리하다 그만 잠이 들었다.

생활 쏙쏙 때를 나타내는 말에 대해 알아봅시다.

> **내일** : 오늘의 바로 다음 날
> **오늘** : 지금 시간이 흐르고 있는 이날
> **어제** : 오늘의 바로 하루 전날
> **그제** : 어제의 전날

다음 달력을 보고 ☐ 안에 알맞은 날짜를 숫자로 써넣으세요.

3월

일	월	화	수	목	금	토
					1	2
3	4	오늘 5	6	7	8	9
10	11	12	13	14	15	16
17	18	19	20	21	22	23
24	25	26	27	28	29	30

그제	어제	오늘	내일
☐월 ☐일	☐월 ☐일	3월 5일	☐월 ☐일

네 번째 복습 마당

첫 글자와 끝 글자가 똑같은 낱말을 찾아 써 봅시다. (제한 시간 5분!)

예

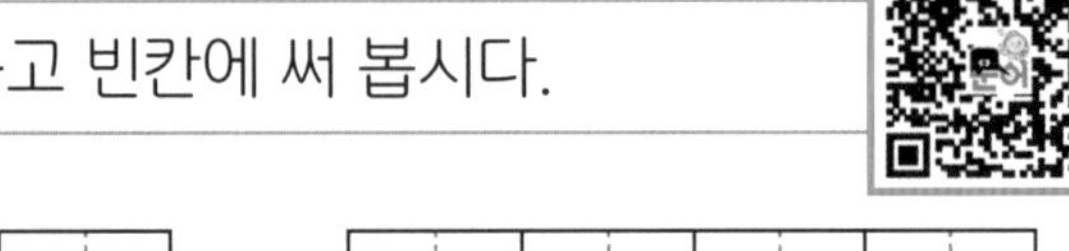

들려주는 낱말을 잘 듣고 빈칸에 써 봅시다.

①

②

③

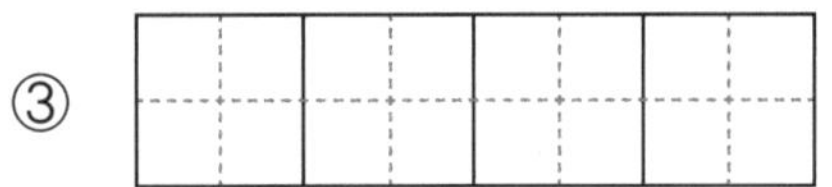

④

⑤

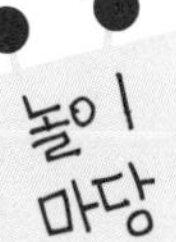

문어와 주사위 가위바위보 놀이를 해 봅시다.

주사위를 던져 1이나 3이 나오면 가위, 2나 4가 나오면 바위,
5이나 6이 나오면 보가 됩니다. 내가 이기면 승에 ○ 하고, 지면 패에 ○ 하세요.
문어와 아홉 판을 해서 내가 총 몇 판을 이겼는지 세어 보세요.

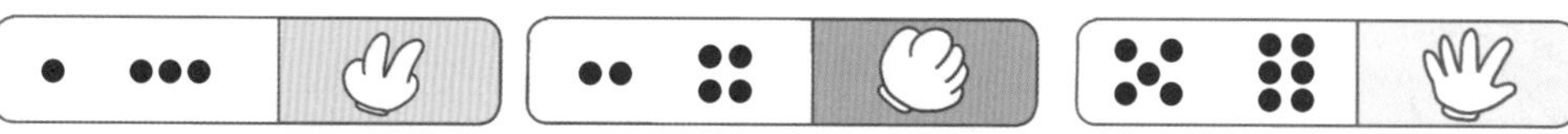

동화로 키우는
문해력 어휘력 발달 프로젝트

1일 차 보고 싶은 엄마

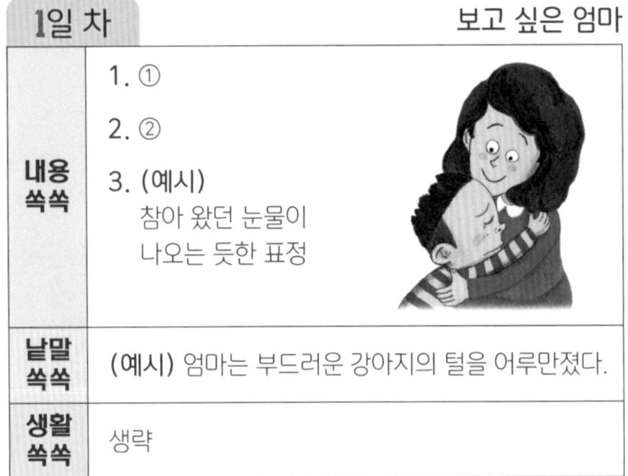

내용 쏙쏙	1. ① 2. ② 3. (예시) 참아 왔던 눈물이 나오는 듯한 표정
낱말 쏙쏙	(예시) 엄마는 부드러운 강아지의 털을 어루만졌다.
생활 쏙쏙	생략

내용 쏙쏙 도움말

1. (3~4번째 줄) 감았던 눈을 뜨니 구름이 엄마 모습으로 변해 있었다.
2. (3번째 줄) 포근하고 따뜻한 엄마 냄새.

2일 차 친구가 미운 날

내용 쏙쏙	1. ① 2. ② 3. (예시) "엄마에게도 모래 같은 친구가 있었어. 그 당시에 엄마는 그 친구가 미워서 못되게 행동했는데 지금은 너무 후회돼."
낱말 쏙쏙	(예시) 어떤 메뉴를 먹을지 골똘하게 생각했다.
생활 쏙쏙	(소)귀에 (경) 읽기 (충정)은 붙이고 (서운)은 말린다. 한 (귀)로 듣고 한 (귀)로 흘린다.

내용 쏙쏙 도움말

1. (4번째 줄) "눈치도 주고, 말도 해 봤어. 하지만 모래는 못 알아들어."
2. (6~7번째 줄) 그래도 투명 인간을 만들었다는 말은 하지 않은 게 다행이었다. 내가 그런 짓을 한 걸 엄마가 안다면…….

3일 차 당첨된 행운권

내용 쏙쏙	1. ② 2. ② 3. (예시) 좋아하는 친구와 짝꿍이 되었을 때 기뻤다.
낱말 쏙쏙	(예시) 나는 축구 경기를 보다가 우리나라 선수가 골을 넣자 환호성을 질렀다.
생활 쏙쏙	생략

내용 쏙쏙 도움말

1. (1~2번째 줄) "마침 오늘 개업 5주년 기념으로 식사 메뉴 한 개당 즉석 행운권을 한 장씩 드리고 있어요."
2. (8번째 줄) 내 입에서 환호성이 터져 나왔다.

4일 차 고백할 용기가 불끈!

내용 쏙쏙	1. ① 2. ② 3. ①
낱말 쏙쏙	
생활 쏙쏙	1. 1번/(2번) 2. (1번)/2번 3. (1번)/2번 4. 1번/(2번)

내용 쏙쏙 도움말

1. (2~3번째 줄) 보영이가 주워 드니 분홍빛으로 변했어요.
2. (6~7번째 줄) 분홍 포장지에 은빛 모래 가루가 흩뿌려지더니 은빛 글씨가 나타났어요.
3. (9~10번째 줄) 좋아하는 친구에게 고백할 용기가 불끈, 용기 껌!

5일 차 속마음 말하기

내용 쏙쏙	1. ② 2. ① 3. ① O ② X ③ O
낱말 쏙쏙	(예시) 나는 오늘 새로운 태권도 기술을 연마하였다.
생활 쏙쏙	생략

내용 쏙쏙 도움말

1. (1번째 줄) 교감 선생님은 축구화를 내 품에 안겨 주고는 교무실로 들어갔다.
2. (9번째 줄) 그건 내 속마음을 그대로 말하는 거다.

첫 번째 복습 마당

(예시)
1. 닭, 돼지, 독수리, 두더지, 두루미 등
2. 코알라, 캥거루, 코뿔소, 쿼카, 카멜레온 등

① 뻗다
② 투명
③ 환호성
④ 흩뿌리다
⑤ 교무실

① ⓖ구마 (고구마)
② ⓜ요네즈 (마요네즈)
③ ⓦ싱턴 (워싱턴)
④ ⓨ구르트 (요구르트)
완성 암호 : 고마워요

6일 차 두근두근 첫 대화

내용 쏙쏙	1. ① 예쁜 흰색 고양이 ☐ ② 귀여운 주황색 고양이 ○ ③ 멋진 검정색 고양이 ☐ 2. ② 3. ③
낱말 쏙쏙	(예시) 오늘 체육 수업이 있어 아침부터 아이들 마음이 들떴다.
생활 쏙쏙	(예시) 나는 받아쓰기 시험을 볼 때 가슴이 두방망이질 쳤던 적이 있다.

내용 쏙쏙 도움말

1. (5~6번째 줄) 그림 속에 있는 주황색 고양이가 웃고 있었다. 요즘 우리 반에서는 귀여운 동물 캐릭터 그리기가 인기였다.
2. (8번째 줄) 첫 대화가 칭찬이라니, 심장이 빠르게 두방망이질 쳤다.
3. (14~15번째 줄) 나는 덩달아 웃다가 당황해서 손을 흔들었다. 교실 안에서 손을 흔들다니, 부끄러워서 작은 구멍에라도 숨고 싶은 마음이었다.

7일 차 오늘의 마음 수련

내용 쏙쏙

1. ② 2. ①

3.

분류 기준	몸을 건강하게 하는 방법	마음을 건강하게 하는 방법
기호 (번호)	② ③ ⑤ ⑦	① ④ ⑥

낱말 쏙쏙

(예시) 나는 설날에 가족들과 할아버지 댁에 간다.

생활 쏙쏙

- 집 — 댁
- 밥 — 진지
- 생일 — 생신
- 물어보다 — 여쭈어보다
- 나이 — 연세
- 주다 — 드리다
- 이름 — 성함

내용 쏙쏙 도움말

1. (1~2번째 줄) "오늘의 수련은 저 연탄을 꼭대기에 사시는 할머니들, 할아버지들 댁까지 옮기는 거다."
2. (9번째 줄) "힘든 사람 돕는 마음을 배우는 거지."

생활 쏙쏙 도움말

듣는 사람이 말하는 사람보다 웃어른일 때 높임 표현을 사용합니다.

8일 차 엄마를 위한 연주

내용 쏙쏙	1. ② 2. ① 3. ○ ☐
낱말 쏙쏙	(예시) 내 짝은 교실에 들어오자마자 두꺼운 패딩을 벗었다.
생활 쏙쏙	생략

내용 쏙쏙 도움말

1. (3번째 줄) "엄마한테 리코더 연주를 들려주고 싶어요."
2. '나'의 연주에 엄마 눈이 왕방울만큼 커진 모습과 박수를 치는 행동으로 보아 뛰어난 연주 실력에 감탄했음을 짐작할 수 있어요.

9일 차 그리운 민호

내용 쏙쏙	1. ① 2. ① 3. ③
낱말 쏙쏙	(예시) 민호는 잠을 쫓기 위해 허벅지를 꼬집었다.
생활 쏙쏙	두 가지 이상의 뜻을 가진 낱말을 '다의어'라고 합니다.

내용 쏙쏙 도움말

1. (1~2번째 줄) 민호를 잃어버렸던 날의 기억이 생생했지.
2. (5~6번째 줄) 파리 한 마리가 윙윙거리며 내 주위를 얼쩡거렸어.
3. (12~13번째 줄) 어제 뚱보 비둘기에게 뺏긴 새우 과자가 자꾸 눈앞에 아른거렸어.

10일 차 스무둥이를 위한 일

내용 쏙쏙	1. ② 2. ① 3. ②
낱말 쏙쏙	(예시) 달리기하다 넘어져 다리를 가누기가 어렵다.
생활 쏙쏙	생략

내용 쏙쏙 도움말

1. (1번째 줄) 경태가 병아리 스무둥이를 가슴에 안고 선생님을 불렀다.
2. (4번째 줄) 경태는 다리를 제대로 가누지 못하는 스무둥이가 걱정되었다.
3. (8~9번째 줄) "지금부터 여럿이 함께 살도록 도와주는 게 좋을 것 같아."

두 번째 복습 마당

(예시)
① 강아지 - 아저씨 - 저고리 - 고라니
② 주사위 - 사장님 - 장미꽃 - 미나리

① 들뜨다 ② 수련 ③ 앉다 ④ 쫓다 ⑤ 가누다

생략

11일 차 할아버지 최고!

내용 쏙쏙	1. ① 2. ② 3. ②
낱말 쏙쏙	(예시) 사인펜이 내 옷에 묻어 지워지지 않는다.
생활 쏙쏙	각각의 상황에 따라 다의어 '묻다'의 의미가 어떻게 달라지는지 알아봅시다.

내용 쏙쏙 도움말

1. (1~2번째 줄) 나는 저녁 준비를 하는 할아버지의 달그락거리는 소리에 잠이 깼다.
2. (7번째 줄) 달보드레한 치킨 위에 땅콩을 으깬 가루까지 뿌려져 있었다.
3. (4~5번째 줄) 내가 가장 좋아하는 양념치킨을 기가 막히게 잘하신다.

12일 차 운명의 제비뽑기

내용 쏙쏙	1. ② 2. ① 3. ③
낱말 쏙쏙	**(예시)** 동생은 자신이 과자를 먹지 않았다고 시치미를 뗐다.
생활 쏙쏙	 ① 십중팔구 ② 역지사지 ③ 일편단심 ④ 구사일생

내용 쏙쏙 도움말

1. (4번째 줄) 나는 도끼눈을 만들어 김은우에게 레이저 빔을 쏘았다. (12~13번째 줄) "보배야, 넌 누구하고 짝하고 싶어? 기도를 끝낸 복음이가 나에게 물었다." 라는 부분을 통해 '나'가 보배임을 알 수 있어요.
2. (5~6번째 줄) "이렇게 각양을 뽑은 사람과 각색을 뽑은 사람은 짝이 되는 거예요. 그러면 이제 제비뽑기를 시작합니다."
3. (15~16번째 줄) 지수라고 말하면 왠지 지수와 짝이 안 될 것 같았다.

13일 차 사랑의 삼각관계

내용 쏙쏙	1. ② 2. ① 3. 민 / 좋아하는 마음 / 소율 다영
낱말 쏙쏙	**(예시)** 군것질한 것을 엄마에게 들킬까 봐 마음이 조마조마하다.
생활 쏙쏙	**(예시)** 민이는 정말 멋있어. 나는 민이를 좋아해!

내용 쏙쏙 도움말

1. (2~3번째 줄) 소율이는 어떻게 해서든지 민이가 먼저 고백하게 만들겠대요.
2. (5~6번째 줄) 다영이는 일부러 자기 마음을 숨기려고 더 민이에 대해 함부로 말했어요.
3. 소율이와 다영이의 순서는 바꾸어 써도 괜찮아요. 소율이가 날마다 민이 이야기를 하는 것, 다영이가 마음을 숨기기 위해 일부러 민이에 대해 함부로 말하는 것으로 보아 소율이와 다영이 둘 다 민이를 좋아한다고 짐작할 수 있어요.

14일 차 엄마 손이 점점 커져요

내용 쏙쏙	1. ② 2. ③ 3. ①
낱말 쏙쏙	**(예시)** 부모님께 거짓말을 들켜 말문이 막혔다.
생활 쏙쏙	**(보기)** 열쇠고리 **(예시)** 책 + 가방 = 책가방 팔 + 씨름 = 팔씨름

내용 쏙쏙 도움말

1. (1~2번째 줄) 어제만 해도 엄마 손은 냄비 뚜껑만 했는데 오늘은 커다란 솥뚜껑만 해졌어요.
2. (8~9번째 줄) "엄마가 아무것도 안 하면 밥은 누가 하고, 청소는 누가 하고, 네 공부는 누가 봐주지?"
3. (5번째 줄) "엄마, 자꾸 손을 써서 그런 거 아닐까요?"

15일 차 선물해 주고 싶은 꿈

내용 쏙쏙	1. ② 2. ① 3. ③
낱말 쏙쏙	**(예시)** 나는 친구와 싸웠던 일을 곱씹어 생각했다.
생활 쏙쏙	생략

내용 쏙쏙 도움말

1. (2~4번째 줄) 엄마 전화를 받았을 때의 그 환한 미소와 마지막으로 봤던 도하의 부러움 담긴 눈빛이 자꾸만 머릿속에 맴돌았다.
2. (5~6번째 줄) 이루는 도하의 표정과 말을 계속해서 곱씹으며 선물해 주고 싶은 꿈을 만들기 시작했다.
3. (7~8번째 줄) 학교가 끝나고 집으로 돌아간 도하가 벨을 누르자 엄마가 문을 열며 반갑게 맞아 주었다.
   (12번째 줄) 도하는 식탁 가득 차려진 음식을 엄마와 함께 맛있게 먹었다.
   (14번째 줄) 그러고는 다정한 목소리로 도하에게 그림책을 읽어 주었다.

세 번째 복습 마당

(예시)
① 면도기 – 라면 – 나라 – 바나나
② 장독대 – 고추장 – 사고 – 감사

① 달보드레
② 시치미 떼다
③ 우연
④ 말문이 막히다
⑤ 곱씹다

생략

16일 차 자신만의 빛

내용 쏙쏙	1. ① 2. ② 3. (예시) 이름: 김문어 칭찬하고 싶은 이유: 항상 다른 친구를 도와주는 모습이 멋져 칭찬합니다.
낱말 쏙쏙	(예시) 내 곁에는 좋은 친구들이 많다.
생활 쏙쏙	(예시) 나는 별처럼 빛나는 문어!

내용 쏙쏙 도움말

1. (3~4번째 줄) 샛별이가 준비한 선물은 반딧불이 불빛이 가득한 스노우볼이었다.
2. (7~9번째 줄) "반딧불이는 몸 안에 빛이 있어서 비가 오고 바람이 불어도 꺼지지 않고 빛을 낼 수 있대."

17일 차 엄마 친구의 딸

내용 쏙쏙	1. ② 2. ② 3. ③
낱말 쏙쏙	(예시) 모기에 물린 팔이 간질간질하다.
생활 쏙쏙	물을 엎질렀을 때 물을 엎지르면 어떡하니? 좀 조심하라고 했지! ○ 저런, 물을 엎질렀구나. 걸레로 닦으면 되니 염려하지 말렴. 동생이 자꾸 귀찮게 따라다닐 때 형이면 형답게 동생을 잘 돌봐 주는 게 당연하지. ○ 동생 때문에 귀찮을 텐데 잘 참고 화내지 않는 모습이 기특하구나. 연필을 잃어버렸을 때 탈탈 넌 항상 덜렁거려서 문제야. 어떻게 매번 연필을 잃어버리는 거니? 또 그럴 거야? ○ 연필을 잃어버려서 속상하겠구나. 앞으로는 이름을 꼭 쓰도록 하자. 그러면 누군가 주웠을 때 찾아 줄 수 있을 테니까.

내용 쏙쏙 도움말

1. (1번째 줄) 솔미는 엄마 친구의 딸이야.
2. (4~5번째 줄) 내가 솔미를 처음 만난 건 1학년 때 엄마가 데려간 어떤 결혼식장에서였어.
3. (9~11번째 줄) 그날 나는 솔미한테 가위바위보 비법을 가르쳐 주었고 팽이 돌리는 시범도 보여 주었어. (중략) 솔미는 하루 종일 나를 따라다녔어.

18일 차 아빠, 걱정하지 마세요

내용 쏙쏙	1. ③ 2. ② 3. ③
낱말 쏙쏙	(예시) 동생이 완성한 그림을 보니 그럴싸했다.
생활 쏙쏙	1) 4 2) 5 3) 2 (예시) 5늘도 1기를 2만큼 썼어요!

내용 쏙쏙 도움말

1. (1번째 줄) "우리 아정이가 아빠 건강을 위해서 함께 운동도 해 주고."
   (5번째 줄) 아빠가 계단 수로 말을 지어내며 계단을 올랐어요.
   (7번째 줄) 계단을 오를 때마다 소원을 빌었어요.
2. (5~6번째 줄) 나는 아빠가 욕 유전자를 극복하고 행복하게 오래 살았으면 좋겠다는 생각을 했어요.
3. (15번째 줄) 그래도 소원을 비는 것을 멈추지 않았어요.

19일 차 교장 선생님의 진심

내용 쏙쏙	1. ② 2. ① 3. ③
낱말 쏙쏙	(예시) 선생님께서 갑자기 시험을 본다고 하시니 당황스러웠다.
생활 쏙쏙	① 버럭 ② 후다닥 ③ 히죽히죽 ④ 그렁그렁

내용 쏙쏙 도움말

1. (6~7번째 줄) "정말 좋은 선생님이 되고 싶었는데."
2. (12번째 줄) "쌍화차와 홍삼 절편이요? 앞으로는 사탕을 주세요."
3. (13번째 줄) "그럼 이 썩잖아. 아이들을 아프게 할 수는 없지."

20일 차 학교 가기 싫은 날

내용 쏙쏙	1. ① 2. ② 3. ③
낱말 쏙쏙	(예시) 동생의 생일에 어떤 선물을 사 줄지 궁리했다.
생활 쏙쏙	그제: 3 월 3 일 / 어제: 3 월 4 일 / 오늘: 3월 5일 / 내일: 3 월 6 일

그제	어제	오늘	내일
3 월 3 일	3 월 4 일	3월 5일	3 월 6 일

내용 쏙쏙 도움말

1. (1번째 줄) 어제는 크리스마스였다.
2. (5~6번째 줄) 단짝 정수가 전학을 가 버려서 학교가 시시해졌다.
3. (7~9번째 줄) 그래도 집에서는 아무 때나 벌렁 누울 수 있고 라면도 끓여 먹을 수 있다. 똥이 마려우면 쉬는 시간이 아니어도 맘대로 눌 수 있다.

네 번째 복습 마당

(예시)
기러기, 마그마, 인도인, 복불복, 별똥별, 사진사 등

① 자체 발광
② 간질간질
③ 극복하다
④ 당황스럽다
⑤ 궁리

생략

〈오늘의 이야기〉 수록 도서

일 차	오늘의 이야기	수록 도서명	지은이
1	보고 싶은 엄마	비밀 교실 1	글_소연 그림_유준재
2	친구가 미운 날	끝까지 초대할 거야	글_박현숙 그림_조현숙
3	당첨된 행운권	행운 없는 럭키 박스	글_홍민정 그림_박영
4	고백할 용기가 불끈!	부풀어 용기 껌	글_정희용 그림_김미연
5	속마음 말하기	잘 혼나는 기술	글_박현숙 그림_조히
6	두근두근 첫 대화	사이 떡볶이	글_소연 그림_원유미
7	오늘의 마음 수련	소룡 반점 특별 수련	글_예영희 그림_신민재
8	엄마를 위한 연주	벼락 맞은 리코더	글_류미정 그림_정경아
9	그리운 민호	집으로 가는 길	글_김은아 그림_박재현
10	스무둥이를 위한 일	경태의 병아리	글_김용세 그림_김주경
11	할아버지 최고!	우리 반에 슈퍼히어로가 있다	글_고수산나 그림_유준재
12	운명의 제비뽑기	우정 계약서	글_원유순 그림_주미
13	사랑의 삼각관계	속마음 마이크	글_이미현 그림_김미연
14	엄마 손이 점점 커져요	커지는 병	글_원유순 그림_유수정
15	선물해 주고 싶은 꿈	꿈 요원 이루	글_김경미 그림_김주경
16	자신만의 빛	자체 발광 오샛별	글_정희용 그림_정은선
17	엄마 친구의 딸	솔미표 방패 스티커	글_박현경 그림_김준영
18	아빠, 걱정하지 마세요	욕쟁이 아빠	글_류미정 그림_이주희
19	교장 선생님의 진심	비밀 교실 3	글_소연 그림_유준재
20	학교 가기 싫은 날	진짜 수상한 구일호	글_허윤 그림_심윤정

초등문해력교사연구회 집필진

이인희 | 아이들이 행복한 교육을 꿈꾸는 초등학교 수석 교사이면서 대구교육대학교 대학원 겸임 교수입니다. 놀이, 독서, 리더십 교육을 통해 아이들이 행복한 리더 되는 비전을 갖고 있습니다. 2019년 대한민국 스승상을 수상하였고, KBS 다큐 세상, 대구 아침마당에 출연하였습니다. 대구독서인문지원단 초등 대표, 초등문해력교사연구회에서 활동하고 있습니다. 아이스크림원격연수 개설, 두산그룹, 몽골 울란바타르 대학, 전국 교육연수원 및 교육청 등에서 연수하였습니다. 지은 책으로는 『그림책 놀이수업의 기적』, 『교실놀이, 수업에 행복을 더하다』 등이 있습니다.

김용세 | 초등학교에서 아이들과 다양한 프로젝트 학습을 하며 행복한 교실을 만들어 가고 있습니다. 한국교원대학교 초등국어교육 대학원을 수료하였고, 초등문해력교사연구회 및 교사동화창작회를 운영하고 있습니다. 『괜찮은 학교 사용 설명서』로 제25회 MBC 창작동화 대상 웹 동화 부문에 당선되었습니다. 지은 책으로는 『카이로스의 시간 상점』 시리즈, 『신기한 맛 도깨비 식당』 시리즈, 『어린이 수사대 넘버스』 시리즈, 『경태의 병아리』, 『12개의 황금열쇠』, 『수학빵』 등이 있습니다.

정혜인 | 초등학교에서 다년간 저학년 담임을 맡아 아이들과 생활하며 문해력과 어휘력이 모든 학습의 기초가 됨을 깨닫고 '독서교육'과 '소리 내어 글 읽기'를 꾸준히 지도하는 중입니다. 초등문해력교사연구회, 세종동화창작교육연구회, 세계시민 시도 및 중앙 선도 교사, 영재원 지도 강사, 세종시 교육청 교실 수업 자료집 편찬 위원으로 활동하였습니다.
지금은 어린이를 위한 책을 직접 쓰고 있으며, 지은 책으로는 『춘기닷컴』이 있습니다.

구이지 | 초등학교에서 어린이들과 생활하며 문해력과 어휘력이 모든 학습의 기초가 됨을 깨달아 재미있는 말놀이에 대해 연구하고 온책읽기 자료를 지속적으로 개발하였습니다. 초등문해력교사연구회, 세종동화창작교육연구회, 세종초등AI연구회에 참여 중이며 세계시민 시도 및 중앙 선도 교사, 세종시 영재원 지도 강사, 세종시 교육청 교실 수업 자료집 편찬 위원으로 활동하였습니다.